인문사회계열을 위한 캡스톤 디자인 수업

융합형 캡스톤 디자인

convergent ● capstone design

황혜미 · 엄지영

정독
DEEP READING

추천사 1

서비스는 정책이나 전략을 잘 기획하는 것도 중요하지만 서비스 현장에 잘 안착시키는 것이 가장 중요합니다. 아무리 좋은 전략이라도 고객의 서비스 품질을 체감하는 현장에 접목이 안 되면 고객의 시각에서 느끼는 서비스는 페인포인트(pain point)로 이어질 수 있습니다.

캡스톤 디자인은 문제를 인식하고 창의적인 인큐베이팅과 디자인 씽킹을 통해 문제를 해결하기 위한 설계, 개발과 동시에 현장에 접목이 가능한지를 시제품(Proto type)이나 RP(Role Playing)를 통해 진단/관찰을 통해 비로소 완성이 됩니다.

캡스톤 디자인은 이러한 문제의식을 갖고 현장 접목을 잘 해나가기 위한 중요한 분야임을 다시 한 번 상기하며 좋은 지침이 될거라 믿어 의심치 않습니다.

신세계백화점 강남점 고객서비스담당 이혜정 상무

추천사 2

기업 교육컨설팅을 수십 년에 걸쳐 수행하다보니 컨설턴트의 문제해결 능력이 프로젝트의 성패를 좌우하는 중요한 요인을 것을 알게 됩니다. 융합 캡스톤 디자인은 학생들이 이론과 실무를 접목할 수 있는 유용한 수업입니다. 이 책 안에 다양한 사례를 체험하고 질문에 답을 해가면서 참여 학생들의 실무 적용도를 높일 수 있을 거라 생각됩니다.

(주)서비스엑설런스연구소 박종익 대표

추천사 3

현대사회의 기업 경영에 있어 문제 해결방안 도출 능력은 업무의 기초이자 핵심입니다. 서비스산업의 대표적 기업인 호텔&리조트 분야에서도 예측할 수 없는 다양한 문제들이 예측할 수 없는 시점에 발생하곤 합니다.

캡스톤 디자인을 통한 문제해결 훈련은 추후 기업에서 발생될 수 있는 수많은 문제들의 시행착오를 예방할 수 있으며, 더 나아가 고객의 니즈 파악과 기업의 만족도를 높일 수 있을 것입니다.

이 책은 이론과 더불어 여러 사례들을 접하도록 하여 간접적으로 문제해결방안 도출 경험을 쌓도록 도울 것입니다. 또한 경험을 통한 능력을 길러주어 사회의 첫 발걸음에 큰 응원이 될 것이라 사료됩니다.

Conrad Seoul Hotel 최낙경 지배인

추천사 4

현대사회에서 탁월한 성과를 가져오는 가장 중요한 요인은 창의성입니다. 특히 융합형 창의성은 성공을 지향하는 학생에게 꼭 필요한 특성입니다. 이 책은 이러한 특성을 개발하고 실현하는 지름길을 쉽고도 체계적으로 안내하고 있습니다. 저자들은 캡스톤 디자인의 본질을 명확하게 파악하고 경영현장에서의 풍부한 경험과 예리한 통찰력으로 캡스톤 디자인의 성공적인 실행을 위한 요소들을 조목조목 상세하게 제시하였습니다. 적절한 예제와 풍부한 사례는 내용의 이해를 도울 뿐만 아니라 강한 흥미를 유발합니다. 창의성을 일깨우며 전공지식과 경험지식의 융합을 실행하려는 모든 이에게 이 책을 강력히 추천합니다.

서창적(학교법인 건양교육재단 이사장)

독자에게 드리는 글

건축물을 지을 때 가장 중요한 세 가지 돌이 있습니다. 코너스톤(cornerstone), 키스톤(Keystone), 캡스톤(capstone)입니다. 코너스톤은 건축물을 지을 때 맨 처음 놓는 돌입니다. 코너스톤이 중요한 이유는 이후로는 모든 돌들이 바로 이 코너스톤에 기초하여 지어지기 때문입니다. 바로 이 때문에 많은 건축물들의 코너스톤에 건축물이 지어진 시기와 이유를 적어놓기도 합니다. 코너스톤이 건축물 전체를 든든하게 떠받친다면, 키스톤은 아치가 무너지지 않도록 구심점 역할을 합니다. 키스톤은 다른 돌들이 모두 제 위치를 잡도록 해주기 때문에 키스톤이 없다면 건축물 전체는 무너지고 맙니다. 마지막으로 캡스톤은 돌 위의 돌로 건축물 전체를 아우르는 건물의 정수라고 할 수 있습니다. 캡스톤은 건축물의 외관을 매끄럽고 우아하게 보일 수 있도록 완성합니다. 또 다른 한편으로는 건물 전체를 보호하는 역할도 합니다.

4년여 동안 대학생활이라는 건축물을 지을 때에도 훌륭한 세 가지 돌을 잘 준비하는 것이 중요합니다. 전공 지식을 열심히 쌓는 것은 코너스톤의 역할과 같습니다. 이 단단한 전공 지식을 바탕으로 자신만의 신념과 철학을 갖게 됩니다. 신념과 철학은 자기 자신의 색깔을 잘 잡도록 구심점 역할을 하는 키스톤입니다. 마지막으로 대학을 떠나 사회로 나아가기 전 자신이 쌓아온 모든 지식과 생각을 융합하여 나만의 성과물을 만드는 것은 캡스톤으로서, 대학생활의 완성이고 정점이라고 할 수 있습니다.

4차 산업혁명 시대의 산업과 학계는 빠르게 변하고 있습니다. 모든 이정표가 융합과 연결을 가리키고 있습니다. 내 안의 지식과 생각을 융합시키는 것을 넘어, 다른 사람과, 다른 팀과 융합하여 새로운 성과물을 만들어 내는 과정은 이를 경험해본 사람과 그렇지 않은 사람을 분명 구분 짓게 할 것입니다. 특히, 대학 생활 속에서 인문사회계열 학생들의 이런 경험은 향후 사회생활 속에서 반드시 빛을 발할 순간으로 이어줄 것입니다. 대학생활의 마지막 돌을 놓는 바로 그 시기에 이 책이 작은 도움이 되길 바랍니다.

2022년 12월

저자 황혜미, 엄지영 드림

차례

Chapter 01

캡스톤 디자인의 이해

CAPSTONE DESIGN

1.1

캡스톤 디자인의 개념

1. 산업혁명

우리는 최근 4차 산업혁명의 시대에 살고 있다는 말을 자주 한다. 4차 산업혁명은 무엇인가. 4차 산업혁명이란 정보화 산업사회로 대변되는 3차 산업혁명에서 한 단계 더 나아가 인공지능(AI), 사물인터넷(Iot), 빅데이터 등을 중심으로 산업 내에서 발생하는 생산, 유통, 소비 등 경제활동 전반에 있어 사람과 사물, 공간을 연결시켜 편리성, 효율성, 안전성을 도

[그림 1 – 1] **산업혁명의 특징**

〈눈앞에 온 4차혁명〉

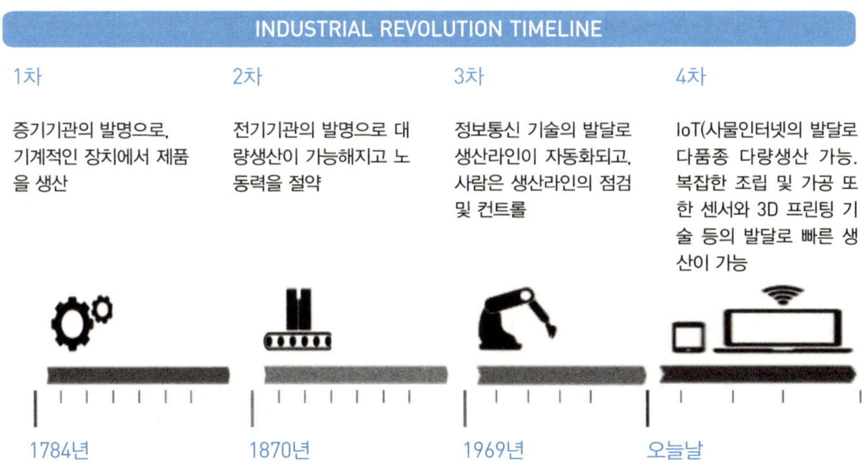

출처: 글로벌 과학기술정책정보 서비스

모한다는 개념이다(최준섭, 유재영, 임미가, 2017). 4차 산업혁명은 1,2,3차 산업혁명시기까지 쌓여온 지식과 기술이 결합된 것에서 한 걸음 더 나아가는 것으로, 4차 산업혁명을 제대로 이해하기 위해서는 1차 산업혁명부터 돌아보는 것이 도움이 된다.

수천 년 동안 농경사회를 유지해 온 세계는 1750년대 증기기관이 등장하면서 변화하기 시작하였다. 증기기관의 발명과 대중화를 1차 산업혁명의 시점으로 보는데, 이는 증기기관을 기반으로 다양한 기계들이 만들어지면서 수공업으로 판매되던 다양한 물건들을 기계로 대체하기 시작하는 등 진정한 '기계화' 시대가 도래했기 때문이다. 시대를 변화시킨 증기기관을 발명한 사람은 바로 과학 시간에 누구나 들어보았을 단위 W(와트)의 주인공 제임스 와트(James Watt, 1736~1819)이다. 약 300년 전 태어난 와트의 인생은 4차 산업혁명 시대의 우리에게 매우 큰 시사점을 제시하고 있다.

와트는 부유한 스코틀랜드에서 비교적 유복한 어린 시절을 보내며 성장했다. 와트의 아버지는 조선업 종사자로서 와트가 어릴 때부터 공장에서 기계에 관심을 갖게 된 것은 당연하였다. 1757년 청년이 된 와트는 영국 글래스고 (Glasgow) 대학에서 교수의 주문에 따라 연구용 실험 기구 혹은 기계를 수리하거나 제작하는 일을 하는 기계공으로 취업을 하게 된다. 그가 주로 제작한 실험 기구는 컴퍼스, 눈금자 등과 같은 단순한 것들이었다. 그러던 어느 날 와트의 실력이 빛을 발휘할 수 있는 기회가 찾아왔다. 글래스고 대학의 인기 물리학 교수 앤더슨(D. Anderson)은 불기계(fire machine)로 불리는 뉴커먼 엔진 모형을 가지고 학생들과 수업을 하던 중 기계가 망가져 와트에게 수리를 부탁한다. 뉴커먼 증기기관은 당시 사람 25명과 말 10마리가 일주일 할 일을 하루 만에 하는 혁신적 기계였다. 와트는 수리를 위해 기계를 분해하였는데, 뉴커먼 엔진은 고장난 것이 아니라 처음부터 열효율이 발생하지 않도록 설계되어 있음을 파악하게 된다(이종호, 2014).

와트는 자신의 분리응축기 아이디어를 동원하여 열효율을 획기적으로 높일 수 있는 아이디어를 도출하였다. 아이디어의 현실화는 어렵고 더뎠다. 가장 큰 문제는 증기기관에 필요한 패킹 기술의 부족이었다. 와트는 이 패킹이 만들어지기까지 몇 년을 기다려야 했다. 생산에 있어 자본이 부족하였기 때문에 볼턴의 투자가 이루어지기까지 또 기다려야 했다. 그의 특허 신청은 믿었던 제자에게 배신을 당하며 긴 시간의 법정 소송을 통하여 간신히 돌려받는다. 와트는 1769년 증기기관의 원리인 '화력기관에서 증기와 연료 소모를 줄이는 방법'에 관한 특허를 받게 되었는데, 유럽 내에서 이 증기기관의 파급력은 매우 대단하여서 영국의회는 당시 상업용 특허 인정기간이 14년이던 것을 와트에게는 1800년까지 조건 없이 더 연장해주는 특혜를 주기도 하였다(이종호, 2014).

와트는 부자가 되었다. 당시 특허권 사용료로만 7만6,000파운드 이상의 수익을 거두었는데 이는 현재의 가치로 수백억원 정도에 해당한다. 영국과학진흥협회는 증기기관 보급에 혁혁한 공을 세운 제임스 와트를 기려 1889년 새로운 전력단위 명칭을 W(와트)로 정했다(삼성반도체 뉴스룸, 2017).

와트 성공스토리의 결과보다 우리가 더 주목해야 할 점은 와트의 성공 과정이다. 와트는 증기기관에 관한 좋은 아이디어를 가지고 있었지만, 아이디어가 혁명적인 발명품으로까지 이어지기는 매우 어렵다. 와트는 아이디어를 단순한 아이디어로서 끝내는 것이 아니라 이를 현실화하기 위하여 부단히 노력하였다. 글래스고 대학의 교수들에게 자문을 구하였고, 기술을 향상시키기 위하여 끊임없이 이론을 공부하였고, 부족한 기술을 보완하기 위하여 기꺼이 협업하였다. 그리고 와트는 4차 산업혁명으로 이어지는 지금까지도 산업혁명의 대명사로 기억되고 있다.

와트 이후 기술과 지식은 집약되어 약 한 세기 후인 1850년대 컨베이어벨트 시스템의 도입으로 대량생산이 가능해지면서 2차 산업혁명을 맞이하게 되었다. 20세기 후반에는 컴퓨터와 인터넷 등이 보급되며 정보화 시대가 열리면서 3차 산업혁명이 시작되었으며, 21세기 현재 우리는 4차 산업혁명의 시대를 맞이하게 되었다.

2. 4차 산업혁명

4차 산업혁명에 대한 논의는 2016년 스위스 다보스에서 '4차 산업혁명의 이해(Mastering the Fourth Industrial Revolution)'를 주제로 개최된 세계경제포럼을 시작으로 본격화되었다. 스위스 다보스 포럼에서는 4차 산업혁명으로 도래할 변화에 대한 논의가 진행되었다. 4차 산업혁명으로 인하여 인간의 삶이 근본적으로 변화될 것인데, 그 수준이 상상 이상의 수준이 될 것이라는 것이었다(클라우스 슈밥, 2016). 국내에서는 2017년 대통령 직속 기구 '4차 산업혁명위원회'가 설립되어 4차 산업혁명에 대응하고 있으며 4차 산업혁명을 인공지능, 빅데이터 등 신기술이 촉발시키는 초연결 기반의 지능화 혁명으로 규정하였다(박종현, 2021).

4차 '산업'혁명은 '산업'에만 국한되어 영향을 미치는 것이 아니다. 우리가 속할 미래사회와 인간의 특징을 새롭게 정의 내릴 것이다. 인간은 인지, 신체, 사회 능력을 종합하고 발전시켜 이전보다 더 강한 인류로 거듭나게 될 것이다(조헌국, 2017).

특히, 4차 산업혁명으로 인한 기술의 변화는 일자리의 변화와도 밀접하게 관계되어 있다. 기술화, 자동화로 인한 인간 일자리의 대체 혹은 파괴도 가능하지만, 이는 동전의 양면과 같아서 전반적 고용 파괴를 의미하지는 않는다. 기술이 업무의 일부를 대체하더라도 이와 보완관계에 있는 업무 생산성이 증가하여 그 일자리의 수요는 오히려 늘어나게 될 것이기 때문이다. 실례로 현존하는 모든 직업이 컴퓨터의 영향을 받고 있지만 30~40년 전과 비교할 때 사라진 직업은 1%도 채 되지 않았으며, 직업 항목 수도 줄어들지 않았다. 기술진보는 없어지는 직업보다 새로 생길 직업이 더 많을 수 있다는 점을 시사한다. 하지만 이와 관련된 근무의 방법과 형태는 다양화되어 온라인 근무, 재택근무, 원격 근무 등 근무시간과 여가시간의 경계가 모호해질 수 있다(허재준, 2017). 또한 근무의 형태도 상시 고용보다는 필요할 때만 고용하는 '휴먼 크라우드(Human Crowd)' 형태가 주를 이루게 될 것이다(이명지, 2017). 이러한 변화는 지금 가속화되고 있는 모습이다.

4차 산업혁명은 대학 교육에도 매우 큰 변화를 일으킬 것이다. 현대사회에서는 지식과 정보가 과잉 생산되고 있다. 무엇보다 과학기술발전의 놀라운 속도로 인하여 학교에서 학습하는 지식의 생존주기가 매우 짧다. 따라서 지금 당장 필요한 기술, 단편적 지식이 아니라 미래사회 적응에 필요한 보편적인 역량 중심 교육의 중요성이 대두되고 있다. 즉, 가까운 미래에는 문제해결, 의사소통, 협력, 정보기술의 활용 등 융·복합적 능력이 요구되고 있다(이숙정, 이수정, 2012). 이러한 능력은 전통적인 교육방식으로 함양하기에는 한계가 있다. 이러한 고민에서 시작된 것이 캡스톤 디자인 수업이다.

현재를 파괴하는 기업만이 미래를 가질 수 있다. 창조는 파괴의 또 다른 이름이다. 리스크를 두려워하면 창조는 없다. 새로운 것에 대한 도전은 엄청난 리스크를 떠안는다. 반면 도전의 성공은 미래 시장 지배라는 천문학적 가치의 과실을 보장받는다.

– Joseph Schumpeter(1883-1950)

기업가 정신(entrepreneurship)은 '앙트러프랑(entreprendre)'에서 유래된 말로 모험과 시도라는 뜻을 내포하고 있다. 어려운 환경 속에서 도전하고 모험하는 사람이 기업가라는 의미이다. 4차 산업혁명 시대의 도래와 함께 우리나라의 미래를 위한 새로운 '기업가 정신'으로 조지프 슘페터가 주장한 '창조적 파괴'가 많이 강조되고 있다.

조지프 슘페터는 신제품 개발, 새로운 생산 방법의 개발, 새로운 시장의 개척, 새로운 공급원 개발, 조직의 쇄신 등 생산성을 올릴 수 있는 모든 변화가 혁신이라고 하였다. 이러한 창조적 파괴는 사회 전체에 긍정적인 영향을 미치며 궁극적으로 문명의 발전을 이끈다.

출처 : 이정흔(2019)

3. 캡스톤 디자인

캡스톤(Capstone)은 사전적으로 1) 돌기둥이나 벽의 관석(冠石), 2) 건축물의 가장 위쪽에 올리는 구조물이라는 의미이다. 캡스톤과 관련된 용어를 살펴보면 코너스톤(Cornerstone)은 건물의 주춧돌, 초석을 일컬으며, 키스톤(Keystone)은 아치 꼭대기의 쐐기돌을 가리킨다. 건축물에는 코너스톤, 키스톤, 캡스톤이 모두 필요하다. 하지만 코너스톤, 키스톤까지는 구축되었다 하더라도 캡스톤이 없다면 완벽한 건축물이 될 수 없다는 의

[그림 1-2] Capstone-Keystone-Cornerstone

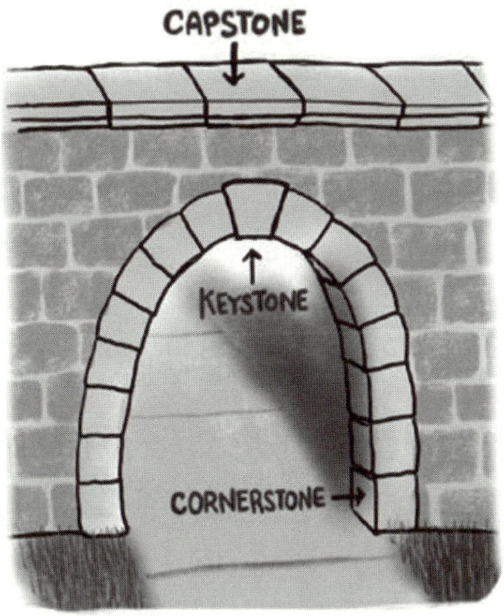

출처: Buffalo Seminary

미에서 캡스톤은 3) 최종적으로 거두는 최고의 업적이라는 의미도 내포하고 있다. 디자인(Design)은 계획, 설계, 도안을 의미한다. 따라서 캡스톤 디자인은 건축학적 용어에서 비롯되었다고 볼 수 있다.

캡스톤 디자인 교육은 학교의 전체 교육과정을 건축물로 볼 때 더욱 잘 이해할 수 있다. 1학년과 2학년 때 배운 전공과목의 이론이 코너스톤으로 탄탄하게 밑받침 된 건축물은 3학년이 되면 자신의 개성과 창의성을 발휘하여 키스톤을 구축할 수 있다. 4학년 때에는 실습의 과정을 통하여 이 모든 것을 융합하여 캡스톤을 얹어 비로소 완벽한 건축물을 완성한다.

4. 캡스톤 디자인 교과목에 대한 이해

캡스톤 디자인 수업은 건축물을 완성시키기 위하여 구체적 활동을 하는 수업이라고 할 수 있다. 캡스톤 디자인 수업은 학생들이 각자 전공에서 얻은 지식을 확장, 비판, 응용하는 과정을 통하여 통합을 통한 성공의 경험을 하게 하며(Wagenaar, 1993), 특정 분야의 주요 쟁점을 다루어 다양한 전공지식과의 연관성을 연계하여 학생들의 진로 계발에 도움을 주고(Murphy, 2003), 산업과 전공지식의 융합뿐 아니라 다양한 전공지식 간의 연계를 통하여 통합, 발전시켜 나가는 과목(Moore *et al.*, 2004)이다. 즉, 자신이 대학 생활을 하면서 배운 전공지식, 자신이 지금까지 경험한 경험을 가진 각각의 팀원들이 모여 이러한 지식과 경험을 융·복합하는 과정을 통하여 성과를 도출하는 과목인 것이다.

[그림 1-3] 캡스톤 디자인 교육프로그램의 3요소

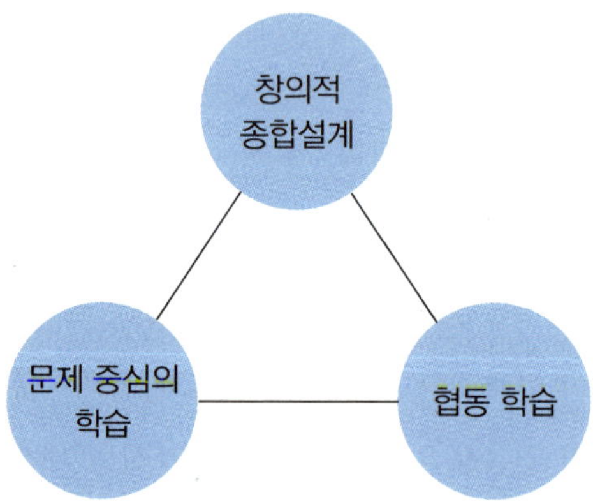

출처: 신창범, 권오성, 2013

현재 교육부에서는 캡스톤 디자인 수업을 '1~2학년 동안 배운 전공교육과목의 이론을 바탕으로 산업과 사회가 요구하는 과제를 학생들이 스스로 기획하고 통합적 문제해결을 통하여 창의성, 실무능력, 팀워크, 리더십을 배양하는 정규 교과목'으로 규정하고 있으며, 다음과 같은 조건을 충족하는 수업을 캡스톤 디자인 과목으로 인정하고 있다(교육부, 2019).

첫째, 교과목명에 '캡스톤 디자인(Capstone Design) 혹은 종합설계'가 들어가 캡스톤 디자인 수업임이 명확해야 한다.
둘째, 시제품 혹은 작품 등을 위한 실습, 실험비가 지급되어야 한다.
셋째, 1학기 이상 운영되어야 한다.
넷째, 팀 과제를 통하여 목적에 부합하는 결과물을 도출해야 한다.

캡스톤 디자인 수업의 과제는 크게 4가지 종류로 분류된다.

첫째, 시제품 제작형 과제형태이다. 이는 실제로 학생들이 캡스톤 디자인 수업을 통하여 시제품, 시작품을 만드는 형태로, 이공계 및 예체능 계열에 적합한 과제이다. 다양한 소프트웨어, 하드웨어, 장치, 부속품 등이 여기 해당된다. 시제품 혹은 작품 제작을 통하여 학생들은 학기의 수업이 종료될 때에는 특허, 실용신안, 디자인등록, 저작권 등의 지적재산권 취득을 도모할 수 있다.

둘째, 아이디어 연계형 과제 형태이다. 학생들은 자신의 전공지식을 기반으로 하여 창의성과 개성을 더하여 보고서, 논문 등으로 성과를 도출한다. 기업의 마케팅 및 홍보, 문제점 분석 등이 이러한 형태의 과제로 해결될 수 있다. 또한 지적재산권 역시 도모할 수 있다. 이공계는 물론 비이공계 학생들에게도 매우 적합하다.

[그림 1 - 4] **캡스톤 디자인 수업을 통하여 삼육대학교 학생들이 제작한 기업브랜드 디자인 시안**

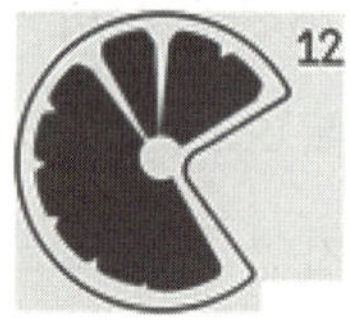

브랜드 아이덴티티 강화를 위한
브랜드 감성을 높이는 캐릭터 제작

셋째, 지역사회 기여형 과제 형태이다. 학생들은 우리 학교 소재의 지역 혹은 관계된 지역사회 내에서 경제, 사회, 문화, 관광, 예술 등 다양한 방면에서 기여할 수 있다. 예를 들어 학생들은 우리 지역사회 노인들을 위한 영양 실태 분석 및 개선, 미아 아동 방지를 위한 캠페인 제작, 관광 기념품 제작 등 다양한 형태로 지역사회에 기여할 수 있을 것이다. 또한 이곳에서 발생된 다양한 아이디어는 지적재산권으로 등록될 수 있다.

넷째, 창업 아이템 개발형 과제 형태이다. 어떠한 분야이든, 수업을 통하여 도출된 성과가 학생의 창업에 기여 및 연결될 수 있도록 하는 과제로 최종 과제의 형태는 사업계획서로 도출될 수 있다. 실제로 많은 창업이 캡스톤 디자인 수업을 통하여 시작되고 있다. 창업된 이후에는 대학 내 창업지원센터에서 적절한 도움을 받을 수 있으므로 학생들은 이러한 기회를 잘 활용하는 것이 좋겠다.

[표 1-1] 캡스톤 디자인 과제의 종류

수행대상 과제형태		내 용	최종 과제성과
과제 성과물 기준	시제품 제작형	• 과제의 성과로서 시작품 제작이 가능한 과제 • H/W, S/W	• 시제품 • 지적재산권(특허, 실용신안, 디자인등록, 저작권, 비즈니스 모델, 상표권 등)
	아이디어 연계형	• 과제의 최종성과물이 해석, 분석보고 및 실험결과인 과제 • 전공지식 연계 아이디어 연구과제로서 실용적 해석이나 실험결과를 제시할 수 있는 과제	• 보고서 • 논문 • 지적재산권(특허, 실용신안, 디자인등록, 저작권, 비즈니스 모델, 상표권 등)
	지역사회 기여형	• 지역사회 내 경제·사회·문화·관광·예술 등 우리 지역과 연계된 기여가 가능한 주제	• 보고서 • 논문 • 지적재산권(특허, 실용신안, 디자인등록, 저작권, 비즈니스 모델, 상표권 등)
	창업 아이템 개발형	• 과제결과물이 학생창업으로 연결 가능하거나 기대되는 과제	• 사업계획서 • 지적재산권(특허, 실용신안, 디자인등록, 저작권, 비즈니스 모델, 상표권 등)

※ 삼육대학교 캡스톤 디자인 교과목 운영 지침

또한 과제는 단일 전공 학생들이 구성된 팀을 위한 단일 부문 과제, 복수 전공 학생들로 구성된 팀을 위한 융복합부문 과제로 구분될 수 있다. 과제기술 분야 기준에 따라서는 기계, 보건의료/전기, 전자, 정보, 통신/재료, 화공 화학/에너지, 자원/건설, 교통, 환경/지구, 생명과학/농림수산식품/경제, 경영/언어, 문학/문화, 예술, 체육/ 등으로 분류될 수 있다.

1.2

캡스톤 디자인 운영 프로세스

1. 캡스톤 수업 과정의 이해

캡스톤 디자인 수업은 참여 기업이 과제를 제시하면 학생들이 문제를 도출하여 대안을 제시하여 성과를 도출하므로 토의, 토론, 사례분석, 실습이 연속된다. 학생 개인의 참여도가 높을수록 더욱 좋은 성과를 낼 수 있기 때문에 학생, 교수, 기업(기업 혹은 지역사회)이 모두 함께 만들어가는 수업이라고 할 수 있다.

캡스톤 디자인 수업 한 학기 과정의 예시는 다음 [표 1-2]와 같다.

우선 캡스톤 디자인의 개념을 이해하는 것이 필요하다. 우리는 앞 장에서 캡스톤 디자인의 개념을 충분히 살펴봤으므로, 이 장에서는 개념에 대한 설명은 생략하기로 한다.

[표 1-2] **삼육대학교 경영학과 캡스톤 디자인 수업 과정 예시**

캡스톤 디자인 수업 일정	
1주차	캡스톤 디자인의 이해
2주차	기업 특강 및 과제 부여
3주차	캡스톤 디자인 수업의 과정 이해
4주차	사례분석 1) 유통
5주차	사례분석 2) 금융
6주차	사례분석 3) 관광
7주차	디자인씽킹 및 실습 1
8주차	디자인씽킹 및 실습 2
9주차	디자인씽킹 및 실습 3
10주차	디자인씽킹 및 실습 4
11주차	팀별 프로젝트 수행 및 피드백 1
12주차	팀별 프로젝트 수행 및 피드백 2
13주차	팀별 프로젝트 수행 및 피드백 3
14주차	팀 프로젝트 발표
15주차	한 학기를 돌아보며

2. 과제 부여 및 과제신청서 작성

캡스톤 디자인에 대한 개념 정리가 되었다면 과제를 부여받는다. 지역사회 기여형 과제의 경우 각 지자체로부터 과제를 부여받을 수 있다. 우리 지역 노인들을 위한 건강검진 활성화, 우리 지역 아동들을 위한 영양 개선 혹은 미아 방지를 위한 홍보 등 지역사회 공익을 위한 각종 과제가 부여될 수 있다.

기업이 참여하는 캡스톤 디자인 수업이라면 특정 기업으로부터 멘토를 지정받아 과제를 부여받고 해당 기업의 과제를 수행하는 과정이 진행된다. 기업의 멘토는 특강을 통하여 기업을 소개하고, 현재 기업이 처해 있는 문제점과 해결하고 싶은 문제점을 구체적으로 학생들과 공유한다.

실례로 화장품 기업 〈가〉는 1) 해당 기업의 온라인 사이트에서 고객 경험을 개선할 수 있는 방안과 2) 해당 기업의 향후 신사업 개발 등 2가지의 과제를 부여하였다. 학생들은 해결하고자 하는 기업 과제별로 팀(3-5명으로 구성)을 조성하여 과제를 수행하였다. 이때 A팀과 B팀은 같은 기업으로부터 과제를 받았지만, 과제의 내용은 서로 다르다.

기업 〈나〉는 호텔형 실버타운 조성에 앞서 실버 세대를 위한 서비스 개발 과제를 부여하였다. 학생들은 A팀과 B팀으로 나누어 서비스 개발 과제를 수행하였다. 이때는 서로 다른 팀이지만 한 가지 주제를 위하여 경쟁할 수 있다.

팀이 구성되고 과제의 개념이 도출되었다면, 해당 과제를 수행하기 위한 과제 신청서를 작성한다. 과제 신청서는 보통 3월말 혹은 9월말까지 마감기한을 두기 때문에 미리 고민하여 설정하여야 한다. 과제 신청서에는 과제 유형과 분야 팀 구성 등을 자세히 기록한다. 또한 과제 신청서는 과제 계획서의 역할을 하기 때문에 과제의 개요와 목표, 수행방법과 기대효과 및 활용 방안, 과제 수행일정, 실습비 사용 계획, 과제 참여 인원과 역할 등을 명확히 기술하고 신청서대로 과제를 수행하여야 한다.

과제 수행 계획 일정표는 간단하게 간트 차트로 작성하여 스케줄대로 진행될 수 있도록 한다. 특히 팀 내 역할 분담을 명확히 하여 갈등이 조장되지 않고 역할을 위해 최선을 다할 수 있도록 팀장을 선출하고, 팀 내

규칙 등을 설정하면 도움이 된다.

다음 그림은 삼육대학교에서 활용하고 있는 과제 신청서이다.

[그림 1-5] 캡스톤 디자인 과제신청서

접수번호	

20 년 - 1학기 Capstone Design 과제신청서

과제유형	□ 시제품 제작형 □ 아이디어 연계형 □ 지역사회 기여형 □ 창업아이템 개발형
과제팀 구성유형	□ 단일 전공형 □ 복수 전공 융합형
과제기술 분야	□ 기계/보건/의료 □ 전기/전자.정보/통신 □ 재료/화공/ 화학 □ 에너지/자원 □ 건설/교통.환경 □ 지구/생명과학 □ 농림수산식품 □ 경제/경영 □ 언어/문학 □ 문화/예술/체육

개설전공				
교과목명				
지도교수 (과제책임자)	전공	성명	휴대전화	E-mail
참여기업	기업명	담당자	연락처	E-mail

팀 명	
과제명	

팀 구성								
순번	구분	성명	전공	학년	학번	연락처	E-mail	성별
1	팀장 (대표학생)							
2	팀원							
3	팀원							
4	팀원							
5								

실습비배정액	원
과제기간	20 년 00월 00일 ~ 20 년 00월 00일

상기의 과제 수행팀은 본 대학교의 Capstone Design교과목 과제수행계획을 제출합니다. 과제수행 시 해당 과제수행 활동을 진행함에 있어 Capstone Design교과목 운영지침을 준수하며, 성실히 과제수행에 임할 것을 서약합니다. 또한 위 수집된 정보는 Capstone Design 사업목적 외로 사용하지 않으며 개인정보보호법에 의거 관리하고 활용하는데 동의합니다.

20 . . .

팀 장 : ________ (인)

지도교수 : ________ (인)

1 과제의 개요

※과제목표, 내용, 기대효과 및 활용방안을 요약하여 간략하게 작성

2 과제의 목표

※과제 최종 결과물 내용, 과제의 기술, 최종 목표 등을 나타낼 것

3 과제 수행방법

※과제를 수행하기 위한 도구 및 장비의 활용방안, 절차 등을 기술할 것

4 과제의 기대효과 및 활용방안

※과제 수행 후 얻을 수 있는 결과 및 효과(특허/실용신안 출원, 상용화 가능성 혹은 상용화 가능한 [illegible] 등 기재)

5 과제 수행일정

수행내용	추진일정															
	3월				4월				5월				6월			
	1	2	3	4	1	2	3	4	1	2	3	4	1	2	3	4

6 실습비 사용계획

구분	품목	용도	금액
실습비			
합계			

7 과제 참여인원 및 역할

(1) 학생 [팀구성 4명 내외 권장, 최소 3인 이상]

구분	성명	전공	학년	학번	연락처	담당업무
1						
2						
3						
4						

(2)-1 기업멘토 [멘토 등 기업참여 시 작성]

구분	성명	직급	기업명	부서	연락처	담당업무
1						
2						

(2)-2 기업정보

기업명		대표자	
설립일		사업자등록번호	
주소			
Tel		Fax	
홈페이지		E-mail	
업종		종업원수	
주생산품 및 주요보유기술			

이때 기업 멘토가 특강을 진행하고 과제를 직접 부여하였다면 기업 멘토 실습보고서와 함께 멘토 특강비를 제출 및 청구하여야 한다. 멘토 실습보고서에서는 멘토링 주제와 내용, 멘토링 후 팀내 과제를 어떻게 적용할 것인지의 적용 사항 등을 기입하며, 멘토링 사진을 첨부하여 제출한다.

과제 선정시 참여 학생의 인원을 고려하고 한 학기 동안 수행 가능하도록 범위를 정하는 것이 중요하다. 예를 들어 실버타운 오픈에 대한 캡스톤 디자인을 구상한다면, 무엇보다도 실버타운의 성공적인 브랜딩이 가장 중요한 이슈일 것이다. 따라서 브랜드 가치 차별화를 위한 신서비스 개발, 디지털기기 적용 및 활용방안, ESG(Environmental, social and governance)*경영을 구현할 수 있는 방안, 세대 교류 프로그램 개발, 실버타운

* ESG는 기업의 비재무적 요소인 환경(Environment)·사회(Social)·지배구조(Governance)를 뜻한다. 투자 의사 결정 시 '사회책임투자'(SRI) 혹은 '지속가능투자'의 관점에서 기업의 재무적 요소들과 함께 고려한다. 사회책임투자란 사회적·윤리적 가치를 반영하는 기업에 투자하는 방식이다. 기업의 재무적 성과만을 판단하던 전통적 방식과 달리, 장기적 관점에서 기업 가치와 지속가능성에 영향을 주는 ESG(환경·사회·지배구조) 등의 비재무적 요소를 충분히 반영해 평가한다. 기업의 ESG 성과를 활용한 투자 방식은 투자자들의 장기적 수익을 추구하는 한편, 기업 행동이 사회에 이익이 되도록 영향을 줄 수 있다.

지속가능한 발전을 위한 기업과 투자자의 사회적 책임이 중요해지면서 세계적으로 많은 금융기관이 ESG 평가 정보를 활용하고 있다. 영국(2000년)을 시작으로 스웨덴, 독일, 캐나다, 벨기에, 프랑스 등 여러 나라에서 연기금을 중심으로 ESG 정보 공시 의무 제도를 도입했다. UN은 2006년 출범한 유엔책임투자원칙(UNPRI)을 통해 ESG 이슈를 고려한 사회책임투자를 장려하고 있다.

2021년 1월 14일 금융위원회는 우리나라도 오는 2025년부터 자산 총액 2조원 이상의 유가증권시장 상장사의 ESG 공시 의무화가 도입되며, 2030년부터는 모든 코스피 상장사로 확대된다고 발표하였다. 이로써 비재무적 친환경 사회적 책임 활동이 기업 가치를 평가하는 주요 지표로 자리매김하게 되었다.

[네이버 지식백과] ESG [Environmental, Social and Governance]

[그림 1-6] 기업멘토 실습보고서

[기업멘토 실습보고서]

1. 기본사항

20 년 월 일 (20:00 ~ 22:00) 총 2 시간

1회 차

2. 멘토 이력사항

3. 참여자 명단

순번	성 명	전공	학년	학번	연락처
1					
2					
3					
4					
5					

위와 같이 기업멘토 실습보고서를 제출합니다.

20 . . .

팀 장 : ______ (인)
지도교수 : ______ (인)

4. 기업멘토링 내용 및 결과

1 멘토링 주제

2 멘토링 내용

3 멘토링 후 과제 적용사항

5. 사진첨부

사진첨부 (필수)

의 서비스 디자인, 서비스 표준운영 매뉴얼 개발 등의 과제를 제안할 수 있다. 과제는 기업 멘토와 담당 교수와의 협의하고 조율하며, 학생 대표인 팀장이 최종 결정한다.

캡스톤 디자인은 학생들을 위한 실습비가 반드시 지출되어야 하는 수업이다. 실습비는 해마다 다소 변동이 있을 수 있지만 1팀당 1학기에 25만원 정도이며 실습비를 활용할 한 팀의 구성원은 3~5명이다. 실습비는 사용의 계획부터 사용 청구서까지 모두 학생들 스스로 작성하여야 하므로 실습비에 대한 내용을 잘 숙지하여야 한다. 실습비 항목은 재료비/외주가공비/자료조사비/회의비/인쇄·복사비/멘토링 활용비 등 크게 6항목으로, 세부 내용은 [표 1-3]과 같다.

모든 실습비 항목에는 전제조건이 존재하고, 실습비를 지출하면서 하면 안 되는 행동들이 있으므로 실습비 계획 및 지출시 참고하여야 한다. 재료비, 외주가공비, 자료조사비, 인쇄·복사비 등은 실습비 지급청구서와 함께 증빙자료와 실물 영수증을 첨부하여야 한다. 따라서 팀 내에서 팀장 혹은 총무 역할을 맡은 학생은 영수증을 분실하지 않도록 유의하여

[표 1-3] **실습비 항목과 내용**

항목	내용
재료비	• 해당 과제와 관련 있는 재료 구입에 한함 • 견적서, 거래명세서, 세금계산서 경우 도장 필
외주가공비	• 해당 과제와 관련 있는 가공에 한함 • 일반용역비는 실습비 총액의 60%까지 제한 • 학생들이 직접 할 수 없는 공정의 외주가공 위탁 시 가능 • 견적서, 거래명세서, 세금계산서 경우 도장 필 • 법인카드 영수증, 품목이 명시되어 있는 거래명세서
자료조사비	• 해당 과제와 관련 있는 자료조사에 수반되는 비용에 한함 • 택시비 지급 불가 • 학교 인근 지급 불가
회의비	• 해당 과제 관련 회의 진행 후 2시간 이내에 집행하는 식사비(주말 또는 공휴일 결제 시, 주류 포함 시 지원 불가) • 회의비는 실습비 총액의 30%까지 제한 • 회의비는 1일 1회, 영수증 1개만 허용, 1인당 10,000원 • 회의 장소와 회의비 사용장소는 인접해야 하며, 학교인근을 권고함 • 회의시간 기입 필수 시간 기입 시 식사시간(영수증 결제 시간) 을 포함하여 작성 • 회의참석자 서명 필수 (대필 서명 불가) 및 사진 첨부 • 법인카드 영수증, 품목이 명시되어 있는 거래명세서
인쇄·복사비	• 해당 과제와 관련 있는 인쇄물 제작(인쇄, 복사, 코팅, 제본) • 인쇄 및 복사물 표지를 복사하여 후면에 첨부 • 법인카드 영수증, 품목이 명시되어 있는 거래명세서
멘토링 활용비	• 해당 과제와 관련 있는 기업 멘토 초청에 한함(신청한 팀에 한함)

야 한다.

특히 회의비는 학생들의 원활한 소통과 창의력 개발을 위하여 꼭 필요한 회의를 도모하기 위하여 지출되는 비용으로 회의록과 함께 회의에 참여한 팀원들의 인증사진, 영수증을 함께 첨부하여야 한다. 이때 사진 속

인원수와 영수증 세부 내역, 지출 비용 등이 모두 일치해야 한다. 또한 회의는 캡스톤 디자인 수업 전후의 시간을 활용하며 학교 인근의 너무 멀지 않은 장소에서 실시하도록 한다. 실습비 지출 계획, 실행, 청구 과정을 통하여 학생들은 기업 실무에서 진행되는 서류작업에 익숙해질 수 있다. 실습비 지급 청구서는 아래와 같다.

[그림 1-7] **캡스톤 디자인 실습비 지급청구서**

접수번호	

20 - 1학기Capstone Design 실습비 지급청구서			
교과목명		지도교수	
팀 명		팀 장	
과제명			

이번 차수 사용금액	총계	400원

날짜	항목	금액(원)
4/3	외주가공비	100원
4/3	재료비	100원
4/4	회의비	100원
4/7	회의비	100원

※ 6개 각 항목별로 **기재할** 것
※ 항목: (재료비 / 외주가공비 / 회의비 / 인쇄복사비 / 자료조사비) 중 선택하여 기입
- 주의사항 -
※ 구매 불가능 품목집행 시, 지원금 지급 불가하며 초과 집행 시 각 팀에서 부담
※ 추후 혁신지원 사업비 정산에서 지적 또는 환수사항 발생 시 팀별 행·재정적 책임

주의사항을 충분히 확인 하였으며, 위와 같이 실습비를 청구하오니 지급하여 주시기 바랍니다.

20 . . .

팀 장 : ________ **(인)**
지도교수 : ________ **(인)**

3. 과제 결과보고서

과제 결과보고서는 한 학기가 모두 종료되는 시점에서 작성 및 제출하는 것이 맞지만, 과제 결과보고서의 양식([그림 1-8])을 미리 살펴봄으로써 한 학기 동안 수업을 통해 진행되는 과정을 미리 이해할 수 있다. [그림 1-8]은 과제 결과보고서의 첫 장으로, 내용 속에는 과제 수행 동기와

[그림 1-8] 캡스톤 디자인 과제결과 보고서

접수번호	

20 - 1학기 Capstone Design 과제결과보고서

과제유형	□ 시제품 제작형 □ 아이디어 연계형 □ 지역사회 연계형
과제팀 구성유형	□ 단일 전공형 □ 복수 전공 융합형
과제기술 분야	□ 기계/보건/의료 □ 전기/전자.정보/통신 □ 재료/화공/ 화학 □ 에너지/자원 □ 건설/교통.환경 □ 지구/생명과학 □ 농림수산식품 □ 경제/경영 □ 언어/문학 □ 문화/예술/체육

개설전공				
교과목명				
지도교수 (과제책임자)	전공	성명	휴대전화	E-mail
참여기업	기업명	담당자	연락처	E-mail

팀 명	
과제명	

팀 구성								
순번	구분	성명	전공	학년	학번	연락처	E-mail	성별
1	팀장 (대표학생)							
2	팀원							
3	팀원							
4	팀원							
5								

실습비사용액	원
과제기간	20 년 00월 00일 ~ 20 년 00월 00일

Capstone Design 지원계획에 따라 삼육대학교 교수지원팀에 과제결과보고서를 제출합니다.

20 . . .

팀 장 : ________ (인)

지도교수 : ________ (인)

1 과제수행 동기 및 배경

*과제수행 동기 및 선정배경을 작성

2 과제수행 내용

(1) 과제내용:

(2) 차별성 기술성:

(3) 제작과정:

3 과제해결 방안 및 고찰

(1) 과제 수행과정에서의 문제점 및 해결책

(2) 문제점 해결과정

(3) 추후 개선방향

4 과제 기대효과 및 활용계획

*추후 과제 결과물을 산업분야에 적용시켜 이루어 낼 수 있는 기대효과를 작성하고, 과제결과물 활용계획(취업, 창업, 기술이전 등)을 구체적으로 작성

5 과제역할분담

(1) 학생

구분	성명	학과	학번	학년	연락처	담당업무
1						
2						
3						
4						

(2)-1 기업멘토 (기업참여 시 작성)

구분	성명	직급	기업명	부서	연락처	담당업무
1						
2						

(2)-2 기업정보

기업명		대표자	
설립일		사업자등록번호	
주소			
Tel		Fax	
홈페이지		E-mail	
업종		종업원수	
주생산품 및 주요보유기술			

6 실습비 사용내역

구분	품목	세부내용	용도	금액
실습비				
합계				

7 참고문헌

*실습비로 구입한 참고문헌을 포함한 참고문헌 목록 작성

배경, 과제 내용, 과제해결 방안 및 고찰, 과제의 기대효과 및 활용계획, 과제의 역할분담, 실습비 사용내역 등을 상세히 기술하여야 한다. 즉, 과제 결과보고서는 과제신청서에서 작성한 내용이 얼마나 잘 진행되었는지를 보고하는 서류이다. 학생들은 결과보고서를 통하여 한 학기를 돌아보고 성과를 요약, 정리하는 기술을 배울 수 있다.

4. 팀 구성시 생각해 볼 점

지금까지 캡스톤 디자인 수업 진행의 절차를 살펴보았다. 과제 신청서와 과제 결과보고서에서 본 것처럼, 팀 구성원의 역할 분담을 명기하도록 되어있다. 따라서 한 학기 동안 원활한 팀 프로젝트를 수행하기 위해서는 팀 구성원 간 반드시 역할을 명확하게 하는 것이 중요하다. 팀장, 총무, 서기, PPT 준비, 발표, 자료조사 등의 역할 분담을 정하고 한 학기 동안 팀 구성원으로서 지켜야 할 규칙과 에티켓 등을 미리 정하면 좋다.

특히 캡스톤 디자인 수업은 작성해야 할 서류가 많은 수업이므로, 수업을 시작하기 전 각종 보고서의 담당자를 미리 정해야 한다. 또한 한 가지 주의해야 할 점은 모든 보고서에는 사실 확인을 위하여 각 학생마다 개인정보를 기입하도록 되어 있으므로, 온라인에 무분별하게 노출시키지 않도록 서로 주의하는 것이 필요하다. 무엇보다 좋은 분위기에서 수업을 진행할 수 있도록 서로 노력하여야 한다.

캡스톤 디자인 수업은 팀 프로젝트 활동이 매우 큰 비중을 차지하므로, 각자의 역할 수행, 참여도가 제대로 평가되어야 한다. 하지만 교수자가 팀원으로 활동할 수 없으므로 교수자가 학생들의 참여도를 평가하는 것과는 별개로 동료 간 참여도를 평가하여 공정한 수업이 진행되도록 한다.

예시 | "캡 to the 스 to the 톤" 팀의 규칙

1. 우리 팀은 만나면 '아자'하고 인사한다.
2. 우리 팀의 회장은 ○○○이 맡아 팀 운영 전반을 총괄하며, 과제 신청서와 과제 결과보고서를 협력하여 잘 작성하도록 지도한다.
3. 우리 팀의 총무는 ○○○이 맡으며 팀의 실습비 지출과 청구를 담당한다.
4. 우리 팀의 서기는 ○○○이 맡으며 회의록을 담당한다.
5. 우리 팀의 분위기 담당자는 ○○○이 맡으며 파이팅을 담당한다.
6. 팀 회의시 지각하지 않으며, 지각한 자는 벌금 1만원을 부과한다.
7. 우리 모두는 아이디어 뱅크로서 자유롭게 아이디어를 제시하며, 다른 팀원들은 경청한다.
8. 자료조사를 철저히 하며, 반드시 수요일 오전 12시까지 단톡방에 공유한다.
9. 1학기 2회 이상 친교의 시간을 갖는다.
10. 과제를 통하여 지적 재산권을 창출하도록 노력한다.

예시 | 차갑게 뜨거운 조

1. 회장 – 김OO
2. 총무 – 박OO
3. 서기 – 박OO
4. 팀 회의시 지각하지 않으며, 지각한 자는 모든 팀원에게 아메리카노 한 잔씩 돌린다.
5. 자료조사를 철저히 하며, 이에 지각할시 5천원 이상의 보상안을 PPT에게 지급한다.
6. 한 달에 한 개의 기업을 조사한다.

예시	3인큐팀 규칙

1. 팀원끼리 밖에서 만나면 피하지 않고 인사한다.
2. 이OO은 우리 팀의 회장을 맡아 팀원들의 멘탈을 케어하고 칭찬해준다
3. 김OO는 우리 팀의 분위기를 담당하며 어색하지 않게 한다.
4. 이OO은 우리 팀의 총무를 맡으며 깨끗하고 청렴하게 돈을 관리한다.
5. 팀 회의 시간은 팀원끼리 합의하고 정한다. 혹시 불가피한 일로 참여가 어려운 경우 미리 연락을 해서 양해를 구한다.
6. 최대한 많은 아이디어를 편하게 낸다. (브레인스토밍 추구)
7. 아이디어는 가급적 유사한 사례 혹은 예시를 들어서 설명해준다.
8. 다른 사람의 의견을 무시하지 않는다.

예시	부산 바캉스팀 규칙

1. 절대 지각은 없다. (지각비 100만원)
2. 우리 팀의 조장은 최OO님이 맡아 팀 운영 전반을 총괄하며, 과제 신청서 와 과제 결과보고서를 협력하여 잘 작성하도록 지도한다.
3. 팀워크를 제일 중요시한다. (시너지 효과를 낸다.)
4. 우리 팀의 서기는 임OO님이 맡으며 회의록을 담당한다.
5. 조원의 말 한마디를 귀 담아 듣고 따뜻하게 말한다. (사소한 말들이 획기적인 아이디어가 될 수 있다.)
6. 조의 목표는 과제를 열심히 수행해 호텔 숙박권을 획득한다.
7. 우리 팀의 분위기는 한 명이 하는 것이 아닌 조원 모두가 만들어 간다.

※ 차갑게 뜨거운팀, 3인Q팀, 부산 바캉스팀 규칙은 실제로 학생들이 개발한 팀 규칙으로 학생들은 학기초 팀 규칙을 스스로 개발한 후 이 규칙을 상당히 성실하게 지켜 나갔다.

동료평가는 학생 간 서로 중요하게 생각하는 점을 미리 교감하여 평가지를 만들어 보는 시간을 갖도록 한다. 동료평가표는 매학기 수업마다 학생들이 중요하게 생각하는 가치에 따라서 달라질 수 있다. 동료평가를 학생들 스스로 개발하여 팀원 모두는 무임승차 없이 동료들에게 도움이 되도록 노력할 것이다. 학기 말 동료평가는 익명으로 작성하여 서로 공정한 평가가 진행되도록 한다.

캡스톤 디자인 수업에 대한 오리엔테이션을 진행할 때 동료 상호평가에 대한 항목과 세부 내용을 언급해 줌으로써 한 한기 동안 학생들이 적극 참여할 수 있고 서로의 참여를 독려할 수 있다. 무조건 평가를 받은 대상만이 아니라 타인을 평가할 수 있는 위치에 놓이게 되면 수업에 대한 관심도를 높일 뿐 아니라 평가의 중요성과 의미를 인식할 수 있는 계기가 된다.

[표 1-4] 동료평가표 예시

평가항목	평가문항	점수(1~5점)
참여도 (10%)	팀 활동에 얼마나 성실히 참여하였는가?	
	팀 활동에 얼마나 책임감을 가졌는가?	
	팀 활동에 얼마나 적극적이었는가?	
	팀 활동에 꾸준히 관심을 가졌는가?	
	자신이 맡은 부분을 잘 수행하였는가?	
	자료준비를 철저히 하였는가?	
	아이디어에 대한 피드백을 잘 전달하였는가?	
	아이디어를 비판적으로 수용하였는가?	
	의견 개진을 잘 하였는가?	
	마감기한을 잘 지켰는가?	
창의성 (4%)	다양한 아이디어를 도출하였는가?	
	다양한 문제 제기를 하였는가?	
	아이디어를 목표에 맞게 개선, 발전시켰는가?	
	PPT를 이해하기 쉽게 잘 만들었는가?	
의사소통 (6%)	팀원들과 적극적으로 의사소통을 하였는가?	
	팀 분위기를 저해시키는 행동을 지양하였는가?	
	팀원의 의견에 경청하였는가?	
	팀 분위기를 긍정적으로 만들었는가?	
	팀원에 대한 존중이 있었는가?	
	소외되는 팀원이 없도록 배려하였는가?	
합계		

점수 : 매우 그렇다(5점), 그렇다(4점), 보통이다(3점), 아니다(2점), 매우 아니다(1점)
출처 : 삼육대학교 경영학과 캡스톤 디자인 수업에 학생들이 개발한 동료평가표

한국도로공사, 공공디자인 대상 수상

올해 '대한민국 공공디자인대상' 공모에서 한국도로공사의 '공공디자인 선순환 체계'가 대상을 차지했다. 문화체육관광부는 한국공예·디자인문화진흥원과 함께 제15회 대한민국 공공디자인대상 공모를 사업 부문과 연구 부문으로 진행해 총 16점을 수상작으로 선정했다고 5일 밝혔다.

대상(국무총리상)을 받은 한국도로공사의 '공공디자인 선순환 체계'는 국민참여형 디자인정책으로, 고속도로에서 차량이 속도를 줄이지 않고 요금소를 통과하는 '통합형 다차로 하이패스 갠트리' 등이 대표적인 사례다.

공공디자인대상 대상 수상작인 한국도로공사의 '공공디자인 선순환 체계' 대표 사례 (문화체육관광부 제공)

사업 부문 최우수상은 동작구청의 '주민체감형 도시틈새공간 범죄예방디자인 사업'과 서울시 유니버설디자인센터의 '유니버설디자인 적용지침 고도화 사업'이 받는다.

우수상에는 건축사사무소 유어예의 여수 구봉초등학교 '학교 숲 조

최우수상을 받은 동작구청의 '주민체감형 도시틈새공간 범죄예방디자인 사업'
(문화체육관광부 제공)

성', 건축사사무소 스튜디오 조조와 당진시 신평면 매산2리 마을회의 '마을회관 및 경로당 신축' 등 6개 사업이 선정됐다.

수원시청의 '기록에서 기억으로, 신문광장', 이유에스플러스건축의 '공근초등학교 공각도서관 및 5, 6학년 교실', 제리백의 '세이프&세이브 365 어린이 안전 캠페인'은 장려상을, 포천경찰서 유창훈 경무과장이 낸 아이디어를 제품으로 구현한 '장수의자'는 특별상을 받는다.

연구 부문 최우수상에는 팍스아이앤디 신재령 씨의 '정서적 적응성 환경 특성 기반 산업유산 재생(IHR) 공간디자인 전략 연구'가 선정됐다.

수상은 인천카톨릭대 장주영 씨 등 3명이 연구한 '서울·경기지역 고령자 서비스 지원주택 유형 특성에 관한 연구', 특별상은 홍익대 심윤서 씨의 '리질리언스 관점의 바이오필릭 공공공간에 관한 연구'가 뽑혔다.

출처: 연합뉴스(2022년 9월 5일자 기사)

참고문헌

교육부(2019), 대학정보공시 양식 및 지침.

글로벌 과학기술정책정보 서비스 S&T GPS(2016), 4차 산업혁명과 일자리의 미래, 이슈분석 86호 (2016. 3. 28), https://now.k2base.re.kr/portal/issue/ovseaIssued/view.do?poliIsueId=ISUE_0000000000000795&menuNo=200046

김현민(2019). 제임스 와트 증기기관, 영국 산업혁명 시동걸다, 아틀라스(2019.12.7), http://www.atlasnews.co.kr/news/articleView.html?idxno=1368

박종현(2021), 4차 산업혁명 관련 법정책 인식조사. 법과 사회, 66, 175-204.

삼성반도체(2017), 그때 그 발견! 와트(W)의 주인공 제임스와트의 증기기관, 삼성반도체뉴스룸 (2017.3.21.일자), https://www.samsungsemiconstory.com/kr/

삼육대학교 캡스톤디자인 교과목 운영 지침(2022).

신창범, 권오성(2013), 캡스톤디자인의 디자인 교육응용 사례연구 –인터랙션 디자인 교과를 중심으로-, 디지털디자인학연구, 14(1), 33-42.

이명지(2017), 4차 산업혁명이 불러올 다섯개의 변화, 매거진 한경(2017.9.1.일자).

이숙정, 이수정(2012), 대학 교양교육의 방향과 과제: 역량기반 교양교육 사례연구를 중심으로, 교양교육연구 6(2),11-42.

이정훈(2019), 창조적 파괴 주창한 슘페터, 한경 비즈니스(2019.3.28.일자).

이종호(2014), 증기기관의 시대를 열다, 동아시아사이언스(2014.4.10.일자), https://www.dongascience.com/special.php?idx=609

조헌국(2017), 4차 산업혁명에 따른 대학교육 변화와 교양교육의 과제, 교양교육연구, 11(2), 53-89.

최준섭, 유재영, 임미가(2017), 와트 그는 누구인가?, 대한공업교육학회지, 42(2), 108-122.

클라우스 슈밥(2016), 클라우스 슈밥의 제4차 산업혁명, 송경진 역, 새로운 현재: 서울.

태진미, 고일주, 박진호, 김정연(2017), 비공학계열 대학생을 위한 캡스톤 디자인 수업에 대한 인식 및 요구, 통합교육과정연구, 11(3), 109-130.

허재준(2017), 4차 산업혁명이 일자리에 미치는 변화와 대응. 노동리뷰 3월호.

Buffaloseminary, https://www.buffaloseminary.org/academics/curriculum/senior-capstone

Moore P. D., S. Cupp, & N, L. Fortenberry (2004), Linking Student Learning Outcomes to Instructional Practices-Phase I. American Society for Engineering Education(ASEE) Annual Conference.

Murphy, P. D. (2003), Capstone Experience, http://www.ndsu.edu

Wagenaar, T. C. (1993), The Capstone Course, Teaching Sociology, 21, 209-214.

사례 | **젠틀몬스터 쇼룸**

젠틀몬스터(GENTLE MONSTER)는 2011년 대한민국 서울에서 김한국에 의해 설립되었으며, 선글라스 및 안경을 주력상품으로 제작, 판매한다. 2018 S/S 'RED WIDE OPEN' 컬렉션으로, 팝스타 비욘세 놀스, 마돈나부터 패션계에서 주목받는 톱모델 카이아 거버, 지지 하디드까지 세계적인 셀러브리티의 마음을 사로잡고 있다. 한국, 미국, 중국 등 여러 국가에 41개의 직영매장을 운영 중이며 수백여 곳의 안경원과 거래를 이어 나가고 있다.

서울 종로구 계동의 동네 목욕탕 '중앙탕'이 세계적 안경 브랜드 젠틀몬스터의 쇼룸으로 변신하였다. 목욕탕 특유의 청색 타일과 콘크리트가 노출된 벽면에 선반을 설치해 제품을 전시하여 복합 문화공간으로 재탄생하였다.

정형화된 안경과 선글라스와 달리 색다른 디자인과 창의적인 콘셉트를 경험할 수 있는 젠틀몬스터는 뉴트로(Newtro) 핫 플레이스 중 하나이다. 새로움을 뜻하는 '뉴(New)'와 복고 감성을 뜻하는 '레트로(retro)'가 만나 중장년층에게는 과거의 향수를 불러일으키고 밀레니얼 세대에게는 이색적인 경험을 제공하고 있다.

출처: 한경머니 제169호(2019년 6월)

사진: 젠틀몬스터 홈페이지, https://www.gentlemonster.com

Chapter 02

캡스톤 디자인의 실행

CAPSTONE DESIGN

2.1

과제 도출

1. 과제 발굴 방향

인문사회계열에서의 캡스톤 디자인은 문제해결이라는 개념을 적용하여 학과 특성에 맞는 사회적 현안 혹은 기업 경영 등의 문제를 주제로 선정하고 문제해결 방안을 도출하는 형태로 운영하고 있다. 예를 들어 경영학과 캡스톤 디자인은 궁극적인 경영 교육의 목표인 현장의 실천적 개선 역량 함양에 초점을 둔다. 1~3학년 단계에서 이루어진 교육과정에 기반을 둔 지식을 토대로 기업의 현황을 파악 및 분석하고, 비즈니스 문제 이슈를 도출하며, 문제해결 프로세스에 맞게 해결방안을 찾아내는 것이다.

학습자들은 이전 교과목에서 학습한 경영 관련 지식과 기술을 토대로 기업 성과에 긍정적인 영향을 미치는 전략적 결정을 하는 기회를 갖게 된다. 또한 캡스톤 디자인에서 다루는 다양한 과제 수행은 경영학 내 세부 학문 분야에서 확장하여 경영 현장에서 기업 성과에 미치는 여러 가지 요소를 고려하도록 한다는 점에서 보다 실제적인 경험을 쌓을 수 있다(임욱빈, 황영아, 2021).

캡스톤 디자인 수업을 진행할 때 학생들이 스스로 과제를 도출하는 과정을 가장 어려워한다. 대부분의 수업이 기존의 이론을 학습하고, 이론을 토대로 기업의 현상을 파악하는 데 중점을 두다 보니 주요 학습대상자인 4학년 학생들도 어떻게 문제점을 찾아내야 할지 혼란스러워하는 경우를 종종 보게 된다. 예를 들어 A기업의 화장품 온라인 몰에 대한 문제점을 도출하고 솔루션을 제안해야 하는 경우를 살펴보자. 먼저 뷰티 시장에 대한 이해가 필요하다. 해당 브랜드 인지도와 MS(Market Share)를 파악해야 하고, [그림 2-1]과 같이 기존 경영이론 중 SWOT(Strength, Weakness, Opportunity, Threat) 관점에서 기업을 분석해 보아야 한다.

경영사례 분석을 하는 대상 기업이 주로 대기업에 해당하다 보니 SWOT에 맞게 기업 내, 외부 환경을 분석할 수 있었으나 캡스톤 디자인 수업에서 다루는 기업은 중견, 중소 및 신생기업이 많다 보니 학생들이 SWOT, STP를 도출할 때 기업정보 부족으로 인해 쉽게 접근하지 못하는 경우가 발생한다.

과제 선정 단계에서 해당 A기업의 마케팅 및 운영 임원이 학생들에게 기업에 대한 현황을 소개해 주면 기업에 대한 이해를 하는데 큰 도움을

[그림 2-1] SWOT 분석

[그림 2-2] STP 분석

받을 수 있다. 특히 [그림 2-2] STP 전략처럼 시장에서의 A기업의 위치(Segmentation), 목표 시장(Targeting) 및 표적시장 접근 전략, 시장 내 고객 마음에 위치잡기(Positioning)를 파악하는 것이 중요하다.

뷰티시장 전체가 레드오션이고 경쟁이 치열하다보니 화장품 제조기술의 장점을 보유하고 있어도 시장에서 기회를 찾기는 쉽지 않다. 또한 인지도가 낮은 브랜드가 온라인 유통 시장에서 경쟁력을 확보하고 지속성을 유지하기 위한 전략을 제안하는 것이 중요하지만, 실제 학생들이 한정된 시간과 정보로 수행할 수 있는 과제를 찾아내야 원하는 성과를 거둘 수 있다.

인문사회계열의 캡스톤 디자인은 서비스사업 분야에 초점을 맞춘 새로운 비즈니스 모델을 창출하거나 혹인 공익적인 프로젝트, 기업체의 용역 대행 프로젝트를 과제로 선정한다(김홍수, 2021). 실제 수업에서는 새로운 상품과 서비스에 대한 사업계획서(제안서)를 만들거나 마케팅, 유통, 인력개발 및 활용, 운영관리 등 기업 경영적 요소에 대한 개선안을 제시하도록 하고 있다.

2. 과제도출 단계

[표 2-1]에서는 캡스톤 디자인 수업 진행시 과제 도출 단계와 단계별 주요 활동 사항을 세부적으로 정리했다. 기업의 상품이나 서비스 시제품 제작형이나 아이디어 연계형의 수업 진행에 적합한 프로세스이다.

문제 인식 단계에서는 지도 교수나 기업 실무진 특강을 통해 기업 현황에 대해 충분히 이해할 수 있는 정보를 제공하는 것이 중요하다. 기업 경영에 대한 전반적인 파악이 되어야 문제점을 도출할 수 있기 때문이다.

[표 2-1] **과제도출 프로세스**

단 계	내 용
문제 인식	• 캡스톤 디자인 담당 교수가 해당 기업에 대한 소개 • 기업 실무진이 기업 현황 소개 및 SWOT, STP 관련 정보제공 • 기업 마케팅 및 운영상의 주요 문제점, 조직구조 및 역량 파악
팀 구성	• 학생들이 관심 있는 영역별로 팀을 구성함. 예) 마케팅, 물류, 운영 등 • 3~4명이 1팀을 구성하는 것이 가장 효과적임
팀 소통	• 팀 프로젝트를 이끌어갈 팀장을 선출함 • 팀원들끼리 전공, 좋아하는 활동 등을 자유롭게 이야기함
아이디어 공유	• 각자 생각하는 기업의 문제점 및 과제 방향 협의 • 브레인스토밍을 통해 다양한 아이디어를 수집하기
아이디어 정리	• 개선이 필요한 문제점 발굴 및 그루핑(Grouping) • 학생별 역할 분담 및 진행 일정 조율
과제 도출	• 교수와 팀장이 과제 수행 범위를 함께 협의해서 정함 • 과제 수행 참고자료 제공 및 일정 관리 방법을 안내함

물론 담당 교수나 기업 실무자가 인사, 재무, 마케팅, 운영관리 등 전 분야를 다룰 수 없기 때문에 분명 한계점은 존재하며, 이러한 내용을 학생들에게 명확히 전달하여 학생들 스스로 신문기사, 경제서널, 기업 홈페이지 등을 통해 기업 정보를 찾을 수 있도록 독려해야 한다.

팀 구성은 학생들이 관심 있는 분야를 선정하여 그들끼리 팀을 이루면 쉽게 친밀감이 형성된다. 여기서 중요한 것은 팀원 숫자인데, 1~2명의 적은 인원은 팀 프로젝트 운영에 적합하지 않고 5명 이상을 넘어가면 프로젝트에 몰입하지 않는 프리라이더(free-rider)가 생기기 때문에 3~5명 내외로 구성하는 것이 팀 활동에 적합하다.

원활한 팀 소통을 위해 팀장을 선정하고, 팀장은 가능한 교수가 지목하기보다 팀장의 역할에 대해 먼저 알려주고, 하고 싶은 사람이 자발적으로 지원하도록 하면 팀장에 선발된 학생은 책임감을 갖고 성실히 팀장 역할을 수행하게 된다.

이렇게 팀을 구성하고 소통을 충분히 한 후에 과제 수행을 위한 기업의 문제점 및 개선점에 대한 아이디어를 도출한다. 아이디어를 도출할 때는 브레인스토밍(Brain storming) 방법이 가장 효과적이며, 개인별로 브레인라이팅(Brain writing)*을 하며 아이디어를 정리한 후 진행하면 보다 다양한 관점의 생각을 찾아낼 수 있다.

친화도법(Affinity Diagram)은 [그림 2-3]과 같이 동일 주제에 대한 다양한 아이디어나 전망 자료를 종합하여 유사성이나 연관성에 따라 재분

[그림 2-3] **친화도법 예시**

품질
- 순도
- 고객 이탈률
- 색깔
- 클레임 건수
- 공정능력지수

제조비
- 초과조업비
- 자재비
- 원자재활용률
- 수율
- 유지비
- 작업시간

* 브레인라이팅(Brain Writing)은 독일의 마케팅 교수인 베른트 로르바흐(Bernd Rohrbach)가 개발한 집단적 아이디어 창출기법이다. 기존의 브레인스토밍이 지니고 있는 단점을 보완하는 과정에서 개발되었으며 브레인스토밍과 달리 조용한 분위기에서 진행되어 '침묵의 브레인스토밍'이라고도 한다. 브레인스토밍은 참여자들의 발언 기회가 한정적이고 소수의 특정 참여자들 위주로 진행될 수 있다는 단점이 있다. 이러한 단점을 해소하기 위해 브레인라이팅은 참여자들이 자신의 아이디어를 발언하는 방식이 아니라 종이에 적어내는 방식으로 진행된다. 집단의 규모가 큰 경우에는 브레인라이팅을 위해 5~6인 정도로 구성된 소집단으로의 세분화가 먼저 이루어져야 한다.

류하고, 문제에 대한 해결안을 제시하는 방법이다. 브레인스토밍 등을 통해 많은 아이디어나 생각들이 도출은 되었으나 정돈되지 않아 전체적인 파악이 어려울 때 이 기법을 이용하면 다양한 아이디어나 정보를 몇 개의 연관성 높은 그룹으로 분류하고 파악할 수 있다.

친화도법을 활용해서 수집된 아이디어를 그룹으로 분류하고 구조화하여 어떤 의견이 나왔는지 명확히 정리해 두어야 한다. 또한 학생별로 어떤 역할을 수행할지 분담하고 함께 협의 가능한 스케줄을 잡아 진행 일정을 정리한다.

아래 [그림 2-4]와 같이 2~3개로 해결해야 할 과제를 도출할 수 있다. 서비스 개선, 마케팅 강화, 유통관리 3개로 정리하고, 이 3개의 주제는 과제 수행단계를 거치면서 세부적인 수행과제로 구체화할 수 있다. 과제 선정은 담당 교수와 협의하면서 최종적으로 실행 가능한 세부 과제를 도출하는데, 이는 과제의 실행 가능성, 자료 수집 용이성, 시간 및 자원의 한계성 등을 고려해서 선정하게 된다.

[그림 2-4] 과제 선정

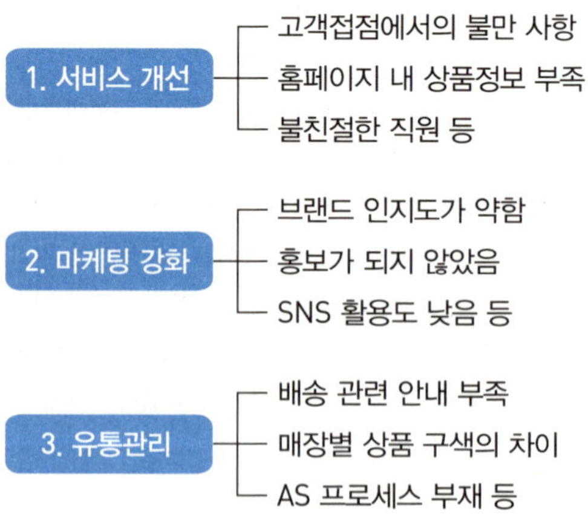

함께 토론하기

1. 과제 선정 시 가장 고려해야 할 점은 무엇일까?

- 캡스톤 디자인 담당교수

- 기업 및 공기관(지역사회) 멘토

- 학생 대표(팀장)

- 학생

2. 성공적인 과제 수행을 위해 꼭 필요한 점 3가지는 무엇일까?
우선순위를 정해보자.

- 첫째

- 둘째

- 셋째

3. 비즈니스 트렌드 및 고객 요구조사 사례 수집

비즈니스 현장이나 지역사회에서 이슈가 되는 부분들, 전반적인 기술 및 경영의 트렌드, 최근 고객들의 니즈와 니즈파악 도구 등을 탐색하여 어떻게 과제를 수행할지 방향을 정하도록 한다. 온라인 서치, 참고문헌 조사, 신문 및 기사 검색 등의 방법을 활용할 수 있다.

기업은 고객만족도 조사나 NPS(Net Promotor Score, 순고객추천지수)를 통해 고객경험의 만족여부와 재구매 의도를 판단해 왔으나 최근에는 고객노력지수(CES: Customer Effort Score)라는 지표를 활용하기 시작했다. 고객노력지수란 고객이 상품 및 서비스를 이용하면서 느낄 수 있는 수월성(Easiness)의 정도를 측정한다. 고객은 가격이나 브랜드, 품질 등에 대한 요소보다 본인들의 노력을 최소화시켜 주는 상품이나 서비스 구매를 더욱 선호한다는 것이다.

예를 들어 아이를 동반한 고객이 롯데월드를 이용하고자 할 때 홈페이지에서 가장 먼저 찾는 것은 무엇일까? 아마도 놀이기구 종류나 식당보다는 유모차를 어디서 대여할 수 있는지를 확인하고자 할 것이다. 이렇게 고객의 유형이나 특성, 선호 등을 고려해서 고객이 해당 상품과 서비스를 이용하기 위해 들이는 노력을 최소화시켜 주길 바라는 요구들이 늘어나고 있다.

고객의 니즈와 만족 여부를 조사하기 위해서는 [그림 2-5]와 같이 정량적인 설문조사를 주로 사용한다. 고객이 이용한 제품의 품질 및 다양성, 점포 환경이나 제품의 가격, 근무자의 서비스, 추천 의도 그리고 친절직원 추천이나 기타 의견을 수집할 수 있다. 이 조사는 현재의 고객 만

[그림 2-5] **파리바게뜨 고객만족도 정량조사 사례**

고객만족도 조사

해피포인트 고객님 안녕하세요!
저희 SPC매장을 이용해 주셔서 감사합니다.
보다 나은 제품과 서비스를 제공하기 위해 이용해 주신 고객님을 대상으로 만족도 설문을 진행하고 있습니다.

총 8개 문항으로 간단히 응답하실 수 있으며, 참여해 주신 분께는 해피포인트 100point를 드립니다.(설문참여 후 다음날 적립)

고객 설문은 점포당 50명을 선착순으로 진행하며, 조기에 종료될 수 있습니다.

많은 참여 부탁드립니다.

1. 구매하신 [제품의 품질]에 대해 얼마나 만족하셨습니까? (제품의 맛, 식감, 향, 양/크기 등)
- 매우 만족
- 만족
- 보통
- 불만족
- 매우 불만족

2. 이용하신 점포의 [제품 다양성]에 대해 얼마나 만족하셨습니까?
- 매우 만족
- 만족
- 보통
- 불만족
- 매우 불만족

3. 이용하신 점포의 [근무자의 서비스]에 대해 얼마나 만족하셨습니까? (응대한 근무자의 인사, 태도 등)
- 매우 만족
- 만족
- 보통
- 불만족
- 매우 불만족

4. 이용하신 [점포의 환경]에 대해 얼마나 만족하셨습니까? (점포의 위생 및 청결상태, 이용 편리성 등)
- 매우 만족
- 만족
- 보통
- 불만족
- 매우 불만족

5. 점포에서 구매하신 [제품의 가격]에 대해 얼마나 만족하십니까?
- 매우 만족
- 만족
- 보통
- 불만족
- 매우 불만족

6. 이용하신 점포를 가족이나 친구,동료에게 적극적으로 추천 할 의사가 있습니까?
매우 그렇다 10 9 8 7 6 5 4 3 2 1 그렇지 않다

7. 이용하신 점포에 대하여 추가 의견 있으시면 말씀해주세요.
100자 이내로 작성해 주세요

8. 친절한 서비스를 제공한 직원이 있다면 추천해주세요.

족 여부는 알 수 있으나 새로운 상품이나 서비스를 도입하는 경우에는 고객의 요구사항을 파악하기 어렵다.

최근에는 정성적 인터뷰, 관찰 등을 통해 세분화된 고객의 요구를 파악에 초점을 두고 있다. 고객 요구조사는 새로운 서비스의 개발이나 기존 상품 및 서비스에 대한 개선점을 도출할 때 사용할 수 있다.

다음은 파리바게뜨 매장에서 로봇의 도입 여부를 판단하기 위해 고객의 기술 수용도를 조사한 사례이다. 로봇이 사람을 대신해서 어떤 일을 해야 할 수 있을지 혹은 로봇과 사람의 역할을 어떻게 정립하면 좋을지를 판단하기 위해서는 실제 매장을 이용하는 고객이 어떤 생각을 갖고 있는지 물어봐야 정확한 의사결정을 할 수 있는 것이다.

[표 2-2]에서는 고객의 라이프스타일, 상호작용, 사용성, 로봇 행동, 로봇 인지력, 즐거움과 같이 6개 요소로 구분하여 기술 수용도에 고객의

[표 2-2] 기술수용도 조사 항목

분류	질문 내용
User Life Style	새로운 물건이나 제품에 대해서 긍정적으로 받아들이고, 구입하는가?
	AI로봇에 대해서 관심이 있는가?
	AI로봇하면 어떤 이미지가 떠오르는가?
Interaction	일반 직원 이외에 AI로봇 직원이 매장에 있는 것에 대해 어떻게 생각하는가?
	일반 직원과 AI로봇 직원의 차이는 무엇이라고 생각하는가?
	AI로봇 직원이 어떤 역할을 해주면 좋겠는가?
Usability	AI로봇을 떠올리면 어떤 일을 해 줄 것 같은가?
	매장에 로봇직원이 있으면 어떤 형태로 있는 것이 좋을까?
	로봇직원은 어떤 형식의 인터페이스를 가지고 있으면 좋을까?
	사용함에 있어 바라는 점이 있는가?
Motion	로봇직원의 움직임이 어느 정도까지 허용되었으면 하는가?
	명령에만 움직이는 것이 좋은가? 자유롭게 움직이는 것이 좋은가?
Intelligent	로봇직원은 어느 정도 수준의 지능과 반응을 보였으면 하는가?
	시즌별로 매뉴를 추천해주거나 빵의 칼로리 등을 알려주는 것에 대해서 어떻게 생각하는가?
Enjoyment	로봇직원과 만나는 일이 즐거울 것 같은가?
	메뉴(커피)를 주문하는 동안 재미있을 것 같은가?
	로봇직원을 통해 새로운 정보를 획득하는 것이 흥미롭게 느껴질까?

출처: Dabholkar, P. A. and Bagozzi, R. P. (2002). An attitudinal model of technology based self-service: moderating effects of consumer traits and situational factors, Journal of the Academy of Marketing Science, 30(3), 184-201.

의견 및 반응을 조사하였다. 대학생과 주부 그룹을 대상으로 기술수용도 6개 요소에 대한 심층 인터뷰를 실시하였고, 인터뷰 주요 결과 및 세부 인터뷰 내용을 정리하였다. [표 2-3]과 같이 인터뷰 주요 결과를 요약하여 대학생 그룹과 주부 니즈의 공통점과 차이점을 분석하였다. 할인과 이벤트에 대한 정보제공 외에는 모든 요소에서 다른 견해를 보이고 있음을 알 수 있었다. 특히 로봇의 제어방식에서 대학생 그룹은 고객 명령에만 움직이길 희망했고, 주부 그룹은 고객 명령 없이도 자유롭게 움직이며 1인 고객을 위한 감정적 파트너이면서도 재미있는 유모를 제공했으면 좋겠다는 요구가 있었다.

[표 2-3] **대학생 VS 주부의 니즈**

구 분		대학생 그룹	주부 그룹
Motion	움직임	고객을 방해하지 않는 적은 움직임	시각적 효과를 위한 퍼포먼스와 로봇 전용공간 확보
	제어방식	고객의 명령에만 움직임 • 1인 고객은 로봇직원의 상호작용 불필요 • 2인 이상은 호기심 유발과 자연스러운 대화 가능	고객 명령 없이도 자유롭게 움직임 • 1인 고객을 위한 감정적 파트너 • 재미있는 유머 제공
Intelli-gent	정보처리 능력	빅테이터를 활용한 구매 촉진	사람처럼 느껴지는 신속한 반응
	정보의 종류	개별화된 추천 정보 및 할인, 이벤트 안내	결재시간 단축 및 할인, 이벤트 정보 제공

함께 토론하기

1. 과제에 관련해 연상되는 이론이나 사회 현상, 트렌드를 작성한다.

2. 효과적인 자료 분석 및 조사 방법을 찾아본다.

3. 데이터 및 분석 자료, 참고문헌 등을 공유할 방법은?

팀워크는 공통된 비전을 향해 함께 일하는 능력이다. 조직의 목표를 향해 개인이 성과를 내도록 지휘하는 능력이다. 평범한 사람들이 비범한 결과를 이루도록 만들어내는 에너지원이다.

– Andrew Carnegie(1835-1919)

아프리카 속담에는 이런 말이 있다. '빨리 가려거든 혼자 가라. 멀리 가려거든 함께 가라. 빨리 가려거든 직선으로 가라. 멀리 가려거든 곡선으로 가라. 외나무가 되려거든 혼자 서라. 푸름 숲이 되려거든 함께 서라.' 개인과 기업의 성공은 모두 다른 사람들과의 협업, 즉, 팀워크에 의해 결정된다. 앤드류 카네기는 성공한 기업은 능률적이며 조화로운 팀워크를 보이고, 직원간 팀워크를 위한 전담부서를 두고 있다며 팀워크의 중요성을 강조하였다.

하지만 성공적인 팀워크를 만드는 것은 쉬운 일은 아니다. 그렇다면 미국의 경영컨설턴트 켄 블랜차드가 제안한 성공적인 팀워크를 위한 4가지를 기억하자. 첫째, 목적의식과 가치와 목표를 공유하라. 둘째, 고난도 기술을 개발하라. 셋째, 우리 모두를 합친 것보다 현명한 사람은 아무도 없다. 넷째, 자주 포상하고 인정하라.

출처: 양광모, 2013

2.2 과제 수행

1. 과제 수행 계획

산업체 연계 캡스톤 디자인 수업은 담당 교수가 산업체의 운영의 주요 이슈를 토대로 주제를 선정하고 기업의 실무진이 멘토링에 참여하게 된다. 멘토 위촉 후에는 캡스톤 디자인 수업을 계획하며, 실제 산업현장의 요구 및 문제점 분석에 따라 프로젝트 주제를 학생 인원수를 고려하여 선정하게 된다.

캡스톤 디자인 수업은 학기 개강 전, 후로 학생들을 중심으로 과제계획서를 제출하여 승인된 후 학기 수업이 이루어진다. 수업 1~3주차에 주제 선정 및 팀 구성, 팀별 주세 선정 및 팀 구성, 팀별 주제 선정 등이 완료되어야 함을 고려해서 과제수행을 준비를 한다(임욱빈 외, 2021).

학생들은 문제를 인지하고 이를 해결하기 위해서 자율적인 태도로 최적의 방안을 찾아내는 과정에서 전공을 기반으로 한 실무적인 실습 및 체험을 할 수 있고, 창의적 사고를 증진시킬 수 있다고 기대한다. 실상 한 학기 동안에 최종 산출물을 만들고 평가를 해야 하는 제약조건 때문에 창의성을 자유롭게 발현시키는 환경은 미흡한 편이다. 수업시간에 반복적으로 창의성에 대한 호기심을 유발시켜 학생들 개개인이 아이디어 도출 및 정리하는 시간을 갖고, 관련 사례를 설명하거나 학생들이 직접 관련 사례를 찾아보게 하는 것이 필요하다(김정연 외, 2018).

산업현장에서는 개인보다는 소속 팀/부서를 중심으로 프로젝트가 진행되기 때문에, 캡스톤 디자인 수업에 참여한 학생들은 다양한 측면에서 실제 현장과 유사한 상황에 참여하는 경험을 하게 된다.

캡스톤 디자인 교과목 운영에 있어서 팀의 구성과 운영은 매우 중요한 위치에 놓인다. 팀워크가 캡스톤 디자인의 학습성과를 결정짓는 요인의 하나이다. 학생들은 프로젝트를 기획하고 실행하는 모든 과정을 팀 구성원과 함께 수행하며, 성공적인 결과물을 도출하기 위해 수업시간뿐 아니라 수업시간 이외도 프로젝트를 함께 진행해야 한다(유천 외, 2021).

캡스톤 디자인 교과목에서의 팀티칭 활성화가 필요하다. 팀티칭은 2인 이상의 교수자들이 협동하여 수업을 계획, 교수, 평가하는 것이다. 팀티칭은 교수자 간 상호학습과 운영 분담 등을 통해 전체 학습성과를 제고한다.

과제 수행은 먼저 세부 계획을 수립하고, 문제를 탐색 및 분석하여 문제를 결정한다. 결정된 문제에 따라 아이디어를 개발하고 선택하는 단계를 거친다. 과제 진행 순서와 방법은 수업 환경 및 진행 여건, 과제 특성 등에 따라 독립적으로 이루어지기도 하고 여러 단계들이 함께 진행되기도 한다. 즉 문제 탐색과 동시에 아이디어 개발을 실시할 수도 있다는 것이다.

과제수행 계획서는 [표 2-4]와 같이 총 7가지의 정보를 요약, 정리해야 한다. 과제의 개요, 과제의 목표, 과제 수행방법을 기술하고 과제수행을 통해 얻을 수 있는 기대효과 및 활용 방안을 작성한다. 그리고 과제수행에 대한 일정 관리, 실습비 사용계획, 과제 참여인원 및 역할을 세부

[표 2-4] **과제수행계획서**

구 분	작성내용 및 유의사항
과제의 개요	• 과제수행이 필요한 이유 및 배경 2~3개 문장으로 작성한다. • 과제명을 간단명료하고 구체적으로 작성한다.
과제의 목표	• 과제 최종 목표를 2~3개로 축약해서 정리한다. • 결과물(개선 보고서, 영상제작, 콘텐츠 개발 등)을 기록한다.
과제의 수행방법	• 과제 수행 도구 및 방법론을 탐색하여 정리한다. • 과제 수행단계(Plan-Do-Check-Act) 및 단계별 활동을 작성한다.
과제 기대효과 및 활용방안	• 과제 수행을 통해 얻을 수 있는 정량적 성과(특허, 학회발표 등) 와 정성적 성과(문제해결능력, 팀워크 향상 등)을 작성한다.
과제 수행일정	• 중간 및 최종 결과보고, 산업체 인사 피드백 등을 고려하여 일정 계획을 수립한다.
실습비 사용계획	• 학교의 실습비 규정을 참고하여 소요될 예산을 작성한다.
과제 참여 인원 및 역할	• 학생들의 역할 분담(팀장, 총무, 서기 등)과 산업체 참여자, 산업체 현황 및 정보를 작성한다.

적으로 정하는데, 한 번에 모두 작성이 어렵기 때문에 2~3회 걸쳐 담당 교수와 협의를 하며 계획서를 완성하도록 한다.

학생들이 수업 초기에 과제의 목표와 기대효과 등을 명확히 정리하기 어렵기 때문에 비즈니스 모델 캔버스를 작성해 봄으로써 고객군, 문제점, 경쟁우위, 핵심지표 등을 도출할 수 있도록 유도해야 한다. 비즈니스 모델은 기업이 수익을 창출하고 차별화된 경쟁우위를 확보하기 위한 전략적 도구이다. 비즈니스 모델 캔버스는 이러한 비즈니스 모델을 쉽고 간단하게 디자인하도록 도움을 주는 가시적인 방법이다. 캔버스를 만든 오스트왈더(Osterwalder)는 실제 비즈니스 모델에 관련된 자료를 수집하고, 기업인 및 교수 등 전문가 그룹 인터뷰를 통해 [그림 2-6]과 같이 비즈니스 모델 9가지 요소를 재구성하였다.

[그림 2-6] 비즈니스모델 캔버스

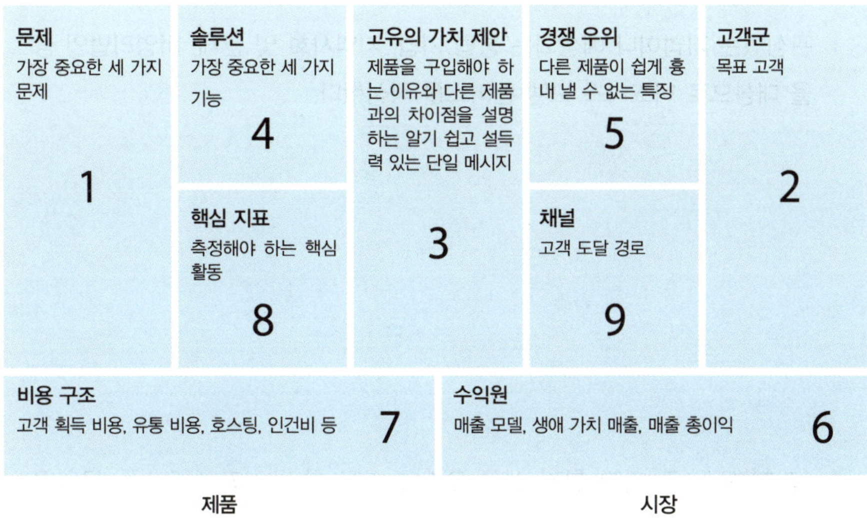

함께 토론하기

1. 관심있는 기업이나 예상되는 창업 기업, 지역사회 및 단체, 비영리법인 등을 대상으로 비즈니스 모델 캔버스를 작성한다.

2. 9가지 요소 중 가장 찾기 쉬운 요소와 가장 찾기 어려운 요소는 무엇일까?

3. 찾기 어려운 요소는 어떤 방법을 활용하여 해결해야 할까?

2. 문제탐색 및 분석

프로젝트 수행을 위해 문제를 탐색하는 3단계는 다음과 같다. 첫째, 기업 내부 환경을 분석한다. 기업에 영향을 미치는 수많은 문제와 기회들은 기업 내부의 활동에서 발생하기 때문에 내부 분석은 매우 중요하다(김홍수, 2021). 직원의 KPI(Key Performance Index: 핵심성과지표), 재무성과분석, 핵심역량 분석 등을 통해 조직 내부의 실행력을 판단할 수 있다. 하지만 학생들이 접근하기 어려운 기업의 중요자료에 해당하기 때문에 멘토를 통해 간접적으로 일부 정보를 제공받거나 신문기사, 경영 잡지 등을 활용하는 것이 현실적이다. 필요하다면 내부 직원 심층 인터뷰를 요청하여 기업 현황을 파악하고 조직 역량 수준을 분석할 수 있으며, 이를 위해서는 담당 교수, 멘토와의 인터뷰 질문지 개발이 선행되어야 한다.

둘째, 고객의 니즈를 찾아낸다. 고객의 숨겨진 요구를 도출하고 기업의 새로운 기회를 발굴하기 위해서는 다양한 관점에서 고객 니즈를 분석해야 한다. 내부 운영적 관점에서는 만족 및 불만 VOC(Voice of Customer: 고객의 소리), 고객 참여 이벤트 및 제안제도, CRM(Customer Relationship Management) 시스템 관리 등이 있으며, 고객 관점에서는 CSI(Customer Satisfaction Index: 고객만족도 조사), NPS(Net Promotor Score: 순수고객 추천지수), 고객 등급별 혜택 제공 등이 있다. 주요 고객군이 누구이며, 이들의 요구와 불만 사항이 무엇인지 파악한다. 기업 측이 새롭게 개발하고자 하는 고객군이 있는지, 즉 타깃 고객군 변경 여부를 알아내는 것이 중요하다. 타깃 고객군에 따라 고객 니즈 분석이 차이가 날 수 있다.

셋째, 경쟁사의 동향을 파악하고 벤치마킹을 한다. 경쟁사의 현황을 분석을 통해 프로젝트 수행 기업의 기회와 위기를 파악하고 효과적인 대응방안을 수립하는 것이 중요하다. 데이터를 확보할 수 있으면 가장 좋지만 어렵다면 현 시장에서의 포지셔닝 상황이나 MS(Market Share: 시장점유율), 주요 고객군, 7P(전통적인 마케팅 4P(Product, Price, Place, Promotion) + 서비스마케팅 3P(Process, Physical evidence, People) 믹스 전략 등을 분석해 본다. 특히 전통적인 마케팅 4P의 경우 대부분 균질화되어 있어 차별적 요소를 찾기 어렵기 때문에 최근에는 서비스마케팅 3P 요소에서 타 기업보다 우수한 요인들을 강화해 가는 경우를 볼 수 있다.

기존에는 벤치마킹을 동종업종의 성공 사례를 발굴하여 해당 기업의 문화에 맞게 적용해 가는 기법이었다면, 최근에는 동종뿐 아니라 이종 업종에 대한 벤치마킹으로 확장해 가고 있으며, 실패 사례를 분석하여 동일한 문제가 발생하지 않도록 미리 대비하고 실패하지 않을 수 있는 방법을 찾아내는데 초점을 둔다. 따라서 벤치마킹은 업종을 초월해서, 닮고 싶은 기업의 성공 및 실패 사례분석을 통해 기업의 전략 방향을 정하고 성공적인 마케팅 및 운영관리 방안을 모색하는 데 적극 활용하고 있다.

많은 기업의 벤치마킹 대상 기업인 아마존은 고객들로부터 받은 온라인 피드백 감사 시스템을 구축과 고객의 마음을 확인하고 모니터링 하는 일에는 아낌없이 투자했다. 아마존이 뛰어난 혁신기업이 된 것은 두 번째 진실인 '고객 서비스가 필요 없게 만드는 것'과 관련이 있다. 고객이 원하는 상품을 쇼핑하는 동안 누군가의 도움이 필요 없는 만족스러운 고객경험을 만들어 내기 위해 신기술을 적극적으로 도입했다. 고객이 찾는 상품의 데이터를 수집하고 활용해 고객 경험을 개인별 맞춤형으로 제공하는 데 투자를 아끼지 않았다(윤미정, 2020).

함께 토론하기

1. 과제 대상이 되는 기업이나 조직, 지역사회 등에 대한 문제점을 찾는다.

2. 공통적인 문제점 중 시급하게 해결해야 할 문제를 2~3가지로 정리한다.

3. 해당 문제를 성공적으로 극복한 우수 사례를 공유한다.

3. 문제의 결정

여러 가지 방법을 사용하여 문제를 탐색 및 분석한 후에는 어떤 문제를 해결해야 할지 정하는 단계가 필요하다. 문제를 정확히 구조화하지 않으면 팀원들간 분쟁이 발생하거나 원하는 성과를 거두기 어렵기 때문이다. 목표가 명확해야 함께 추진하고 각자의 역할을 정확히 설정할 수 있다.

기업이나 사회 구조적 특성상 가용 가능한 자원의 한계가 있기 때문에 문제의 우선순위를 결정해야 한다. 기업의 문제를 해결할 때는 다음과 같은 3가지를 고려해야 한다(김홍수, 2021).

1) 중요도가 높은 문제부터
2) 긴급하게 해결해야 할 문제부터
3) 투자 대비 수익 (효과)이 높은 것부터

그렇지만 이 3가지만을 고려하다 보면 학생들이 실제 수행하기 어려운 거시적이고 광범위한 과제가 나올 수 있기 때문에 3가지 요소를 참고하되 실제적으로 학생들이 달성할 수 있는 문제를 결정하는 것도 중요하다.

문제를 결정하기 위해서는 3단계 접근이 필요하다. 첫째, 해결 가능한 문제를 찾아야 한다. 문제를 해결해서 달성해야 할 목표를 명확히 정의하고, 문제 해결 과정에 영향을 주는 제약조건을 찾아낸다. 예를 들어 고객 컴플레인이 '문제'라고 한다면, 고객 불만율 감소 및 고객만족도 향상은 목표가 될 것이다. 제약조건은 여러 가지 요인들이 있다. 학생들 입장에서는 정보의 제약이 가장 클 것이며, 프로젝트를 통해 문제를 해결했을 때 기업에 실제 반영될 수 있을지에 대해서도 확인해 봐야 할 것이다.

둘째, 평가 기준과 방법을 설정한다. 문제를 해결하기 위한 아이디어를 평가하는 기준과 방법을 결정하는 것이 중요하다. [표 2-5]는 신서비스 개발에 대한 평가지표이다. 신서비스 개발 과정에 대한 평가와 결과, 유연성 및 지속성 평가로 구성된다.

담당 교수는 학생들이 평가 기준을 제대로 이해할 수 있도록 여러 유형의 평가항목을 사례로 제시해 주고, 평가표에 과제 수행과정과 결과물(성과)을 반영할 수 있도록 구성한다.

그리고 교수자와 학생들이 함께 토의하면서 수행하는 과제에 적합한 평가지표를 공동을 개발하여 사용하는 것도 권장한다. 학생들에게 최종 결과물에 대한 아웃풋 이미지를 생각하게 할 수 있고, 목표 달성에 대한 의지를 높일 수 있다. 또한 공동평가지표 개발은 과제 수행에 대한 실행력을 강화하고 과제 수행 단계별로 점검할 수 있는 장점이 있다. 물론 학생들이 평가에 대한 기준이 다르기 때문에 지표에 대한 협의를 이루는데 시간이 소요되기 때문에 수업 초반에 평가표 작성에 대해 이야기하고 수업 중간이나 후반부에 평가표를 완성하는 시간을 갖는 것이 필요하다.

셋째, 문제를 구체적으로 정의한다. 문제를 정의할 때는 [그림 2-7]과 같이 현재의 모습(AS IS)의 모습을 먼저 기술해야 한다. 정량적 지표는 생산성, 불량률, 직원 퇴사율, 급여수준, 고객만족도 등과 같이 수치로 표현하고 비교가 가능하다는 장점이 있다. 하지만 기업의 모든 상황을 정량화할 수 없는 경우도 있어, 정성적 지표에 대한 기술도 필요하다. 예를 들어 프로젝트 수행 기업의 홈페이지를 분석했을 때, 글자의 가독성이

[표 2-5] 신서비스 개발 평가표

NSDE New Service Develop Evaluation	PE(과정평가) Process Evaluation	RE(결과평가) Result Evaluation	FE(유연성평가) Flexibility Evaluation	SE(지속성평가) Sustainability Evaluation

과정평가(PE)

항목	5	4	3	2	1
현 서비스개발 프로젝트가 왜 필요한지 잘 인식하고 있다.					
현 기업의 핵심 서비스 문제점을 잘 파악하고 있다.					
고객의 불만 및 불편사항을 구체적으로 이해하고 있다.					
고객 성향을 잘 파악하고 성향에 대한 정보의 양이 충분하다.					
고객들이 우리 기업 서비스에 대해 어떤 이미지를 갖고 있는지 알고 있다.					
도출한 새로운 서비스에 대한 아이디어들은 고객이 원하는 바를 잘 반영하고 있다.					
도출된 아이디어의 제약조건과 실행가능성을 충분히 고려하였다. (인원, 시간, 예산, 기술력 등)					
도출된 아이디어들을 구체적으로 실행할 준비가 충분히 이루어졌다.					
아이디어를 구체화하기 위한 프로젝트 진행일정이 합리적으로 수용 가능하다.					
실행단계에서 발생할 수 있는 변동사항에 대해 유연성이 있다. (의사결정신속성, 의사소통능력)					

결과평가(RE)	유연성평가(FE)	지속성평가(SE)
▶ 서비스품질평가 유행성, 신뢰성, 확신성, 대응성, 공감성 ▶ 고객만족도조사 구매의도, 충성도, 전반적인 만족도	▶ 문제관리 불편사항 파악, 불편보고체계, 신속한 피드백 ▶ 변화관리 주기적 관리, 소통창구, 고객요구반영, 경쟁사조사	▶ 신서비스를 통한 이윤창출관리 (고객 수의 증감, 고객의 이용횟수 증감 고려 불평횟수 증감)

떨어진다거나 브랜드 로고가 타깃 고객에게 어필하지 못한 경우(AS IS)를 글자 간격을 넓혀서 가독성을 높인다거나 로고 디자인을 새롭게 작업해서 타깃 고객에게 어필한다(TO BE)라고 할 수 있다.

[그림 2-7] **AS IS - TO BE**

AS IS	GAP	TO BE
현재의 모습 (정량 및 정성적 지표)	실행 계획 1	바람직한 모습 (정량 및 정성적 지표)
	실행 계획 2	

함께 토론하기

1. 식당, 카페, 편의점, 판매장, 소셜커머스 등 택 1 하여 상품 및 서비스 이용에 불편한 점, 개선할 점(AS IS)을 작성한다.

2. 팀원들이 생각하는 바람직한 모습(TO BE)을 작성하고, 현실적으로 실행 가능할 수 있을지 생각해 본다.

3. AS IS - TO BE 의 갭을 줄 일 수 있는 세부적인 실천 계획을 적어 본다.

4. 아이디어 개발 및 문제해결

문제를 탐색하고 분석, 결정한 후에는 아이디어를 개발하고 선택하여 문제를 해결하거나 개선안을 도출하거나 가시적인 성과물을 만들어 낸다. [그림 2-8]과 같이 SIT(Systematic- Inventive Thinking) 4가지 사고에 기반하여 아이디어를 개발하고 선택한다. SIT의 사고도구(Thinking tools)은 40가지 발명원리들 중에서 유사한 것들끼리 묶고, 특정 문제에만 제한적으로 사용된 것과 사용 빈도가 낮은 것을 제외시켜 단순화한 것이다(박영택, 2016). 여기서는 SIT 5가지 사고도구 중 활용도가 낮은 속성의존(Attribute Dependency) 도구를 제외한 4가지 도구를 소개하고자 한다.

[표 2-6]과 같이 SIT사고 도구는 제거, 용도통합, 복제, 분할로 이루어진다. 이러한 사고방식은 상품에 적용되는 것뿐 아니라 일상생활을 통해서도 쉽게 찾을 수 있다. 간단한 예시를 보여주고 학생들이 경험하는

[그림 2-8] **SIT(Systematic- Inventive Thinking)와 CIC(Creative ideation code)**

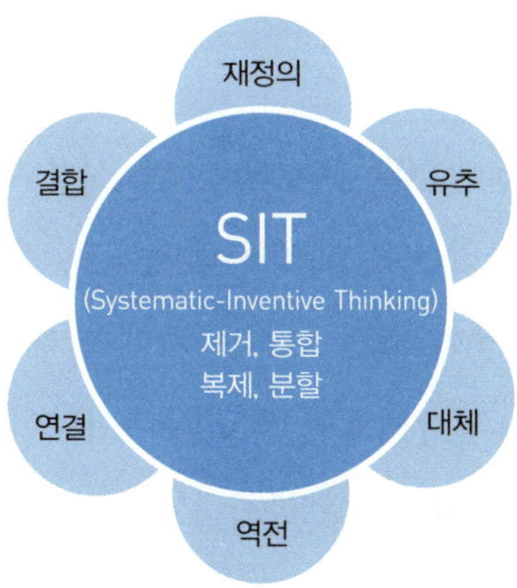

출처: 박영택(2016), 박영택 창의발상론, 한국표준협회미디어

[표 2-6] SIT 사고도구

구 분	설 명
제거 (Subtraction)	상품을 구성하는 요소 중 일부, 가능하면 핵심적인 요소를 제거함 예) 날개 없는 선풍기
용도 통합 (Task Unification)	상품을 구성하는 요소 중 하나가 다른 역할까지 수행하도록 함 예) 스마트폰 충전기 겸용 거치대
복제 (Multiplication)	상품의 구성요소들을 요소 중 하나를 시스템 내에 추가함 추가되는 요소는 필요에 따라 변형할 수 있음 예) 이중 면도날 안전면도기
분할 (Division)	상품의 구성요소들을 분할하여 필요에 따라 재구성함 예) 무게조절 덤벨

생활 속에서 4가지 사례를 이야기할 수 있도록 하면 개념을 명확히 이해하는 데 큰 도움이 된다.

[표 2-7]은 성균관대학교 박영택 교수가 제품, 서비스, 비즈니스의 혁신적 사례들을 대상으로 그 속에 내재된 공통된 사고패턴을 추출하여 '비즈니스 창의성 코드(Business Creative Codes)'라고 이름 붙인 것이다. 비즈니스 창의성 코드는 재정의, 결합, 연결, 역전, 대체, 유추 6가지로 구성된다.

예를 들어 역전(Reversal)의 경우 신용카드 사용 후 포인트 지급이 아니라 먼저 포인트를 제공하는 서비스에 해당하고, 유추(Analogy)는 회전초밥집의 운영방식을 응용한 회전 디저트 카페를 들 수 있다. 이렇게 발상을 전환하고 다각도로 생각해보면 새로운 아이디어를 많이 도출해 낼 수 있고, 이렇게 도출된 아이디어를 통합하거나 구조화해서 해결방안을 고안할 수 있는 것이다.

[표 2-7] **비즈니스 창의성 코드**

구 분	설 명
재정의 (Redefinition)	고객과 고객의 핵심적 요구사항을 새롭게 정의해서 사업의 방향을 결정하거나 차별화
결합 (Combination)	두 개 이상의 요소나 기능을 결합해 시스템 또는 프로세스 효용을 높이거나 새로운 가치를 창출
연결 (Connection)	서로 관련 없는 두요소를 결합해 기존에 없던 새로운 시스템 및 프로세스를 고안
역전 (Reversal)	시스템 및 프로세스를 구성하는 요소의 위치, 순서, 핵심속성 등을 반대로 하여 효용을 높이거나 새로운 가치를 창출
대체 (Replacement)	시스템 및 프로세스를 구성하는 요소의 일부를 새로운 것으로 대체해 새로운 효용을 창출하거나 친숙한 것을 새롭게 만듦
유추 (Analogy)	다른 시스템 및 프로세스의 원리, 기능, 운영, 이미지 등에서 문제해결의 실마리나 영감을 얻음

황윤자, 정효정(2021)은 디지털 헬스케어 분야에 디자인씽킹 방법론을 적용하여 캡스톤 디자인 프로그램을 개발하였다. 디지털 헬스케어 주제에 대한 현장 및 사용자 관찰, 인터뷰, 설문 조사 등을 실시하고, 사용자의 잠재적 니즈를 파악하여 실제 문제(Real Problem)를 공감하고 공감 지도 및 여정 지도 작성 등의 도구 작성을 통해 실행 가능하고 핵심을 찾아내는(Point of view) 문제를 정의하였다.

팀별로 브레인스토밍을 통해 포스트잇 활용 아이디어 발상을 위한 아이데이션, 아이디어를 구체화하기 위해 스토리보드, 아이디어 스케치 작성하기, 최적의 아이디어를 선정하여 이를 낮은 수준의 프로토타이핑(Low-Fidelity Prototyping)까지 제작하며 결과를 발표하고 이를 보완하기 위한 산업체 전문가 및 사용자 테스트와 피드백 과정을 실시하였다.

함께 토론하기

1. SIT사고 도구(제거, 용도통합, 복제, 분할)를 적용한 일상 사례를 찾아본다.

   – 제거

   – 용도 통합

   – 복제

   – 분할

2. 비즈니스 창의성 코드(재정의, 결합, 연결, 역전, 대체, 유추) 중 한 가지를 선택하고, 이를 활용해 개선 및 혁신한 사례를 작성한다.

사례 | **SW 개발 캡스톤 디자인 사례연구(오형준 외, 2020)**

아이디어 개발단계인 **E** 단계에서는 누구나 공감할 수 있는 문제를 팀별로 조사하여 탐구 주제로 선정한다. 주제와 연관 주체를 만나 인터뷰 등을 진행하고, 공감되는 주요 문제점을 도출한다. 도출된 주요 내용은 분석을 통해 하나의 '문제'로 만들어 정의하게 된다. 그리고 정의된 문제의 해결방안을 찾기 위해 팀원들끼리 브레인스토밍을 진행하고, 이를 통해 문제를 해결하기 위한 아이디어가 도출된다.

디자인 단계인 **D** 단계에서는 아이디어의 구현을 위한 기본 설계와 상세 설계를 진행한다. 설계를 마친 뒤 전체 구조를 기능별로 분배하여 작은 단위로 모듈화하는 구체화 과정을 거치게 된다. 하나의 작은 기능 단위로 분해된 작은 모듈들은 팀원 각자의 역량과 가진 기술력에 따라 계획에 맞게 고르게 분배한다.

구현 단계인 **I** 단계에서는 실제 구현이 이루어지게 된다. 팀원들은 각자의 능력에 따라 분배된 작은 모듈들을 스케줄에 맞추어 하나씩 해결하게 된다. 구현이 끝나면 테스트를 진행하고, 테스트에서는 발견되는 문제점은 수정/보완을 진행한다. 테스트에서 문제가 발견되지 않으면 구현을 마무리하여 최종 완성단계에 도달한다.

단계	수행 모듈	내용
E (Empathy)	공감 모듈	아이템 조사, 인터뷰, 공감주제 선정
	정의 모듈	공감 주제 분석, 문제점 도출, 핵심문제 정의
	아이디어 모듈	문제점 분석, 브레인스토밍, 아이디어 도출
D (Design)	디자인 모듈	기본 설계, 상세 설계, 전체 설계 완료
	작업관리 모듈	작업 흐름 파악, 작업 분할, 작업 순서 결정
	작업분배 모듈	팀원 능력파악, 작업 방법 결정, 작업분배
I (Implement)	구현 모듈	개발 환경 설정, 구현, 일정 관리
	테스트 모듈	기본 테스트, 상세 테스트, 피드백
	완성 모듈	단계별 완료, 보고서 완성, 최종 완성

2.3

결과보고

1. 발표자료 준비 및 방법

프로젝트 수행을 몇 개의 단위로 나누어 중간 산출물을 관리하는 것이 효과적이며, 중간 산출물을 만들어 내기 위해 팀 내의 협업이 촉진되고 팀워크가 형성되며, 중간발표를 통해 다양한 의견을 수렴하여 내용의 완성도를 높일 수 있다(김홍수, 2021). 학생의 입장에서 캡스톤 디자인은 자신이 배운 전공 지식을 활용하여 다양한 현장 문제를 해결할 수 있는 현장 실습의 과정이다(오충원, 2016).

프로젝트의 특성에 따라 차이는 있겠지만 한 학기 동안 효과적으로 과제를 수행하기 위해서는 최종 결과 발표 전 1~2회 정도 성과물에 대한 발표를 실시하여, 학생들이 과제 수행과정에 대한 피드백을 받고 이를 수정 및 보완하도록 한다.

성공적인 결과 발표를 위해 제일 먼저 신경 써야 할 것은 회의록 작성이다. 학생들은 회의록 작성을 통해 프로젝트 수행 단계를 정확히 파악할 수 있고, 각 단계별 나와야 할 산출물을 점검할 수 있다. 팀원들이 작성한 내용이 모호하거나 제대로 수행하고 있는지 판단이 서지 않을 때는 담당 교수에게 피드백을 요청하여 중간 중간 체크를 하는 것이 좋다.

먼저 중간고사 전후로 프로젝트 진행과정에 대한 발표를 하게 되는

데, 이때 중요한 것은 명확한 산출물을 보여주려 하기보다는 단계별 진행 내용과 향후 진행을 위해 궁금한 사항을 준비하여 다른 팀원들과 교수, 산업체 실무진의 의견을 수렴하도록 해야 한다. 중간발표 때 지나치게 욕심을 내서 여러 가지 자료를 나열하게 되면 정작 중요한 내용이 전달되지 않는 경우가 종종 발생한다.

최종발표 준비를 위해서 사전에 [표 2-8]과 같이 체크리스트를 작성하여 발표자료의 완성도를 높이고 발표자는 과제 수행 내용을 정확히 전달할 수 있어야 한다. 중간발표 내용 및 피드백 받을 것을 토대로 수정사항을 설명하고, 주요 성과물과 아웃풋을 중심으로 발표한다.

[표 2-8] 최종발표 준비 체크리스트

구 분	세부 내용
발표 내용	주제 선정 배경 및 중요성, 문제의 정의를 구체적으로 정리했는가?
	프로젝트 진행 단계 및 실행 사항을 세부적으로 작성했는가?
	학문적인 지식이나 이론을 적절히 활용했는가?
	AS IS - TO BE 모델을 적용하여 개선 효과를 돋보이고 있는가?
	결과 분석 및 결과를 시각화하여 구성하였는가? (도표, 사진, 그림 등)
	예상 질문 리스트를 작성하고 답변서를 정리해 두었는가?
발표자	발표 자료를 충분히 이해하고 주요 전달 포인트를 체크했는가?
	발표 전에 동료들 앞에서 모의 발표를 실시하였는가?
	발표 시간을 점검하고 내용별 시간 배분을 정확히 하였는가?
	예상치 못한 질문이 나왔을 경우에 대비해서 동료들과 미리 협의를 했는가?

함께 토론하기

1. 최종 발표 체크리스트 점검을 통해 가장 준비가 잘 된 부분은 무엇일까?

2. 가장 보완이 필요하거나 해결이 어려운 부분은 어떤 점이 있을까?

과제 보고서에는 서론, 본론, 결론 Frame으로 작성하는 것이 좋으며, 서론에는 과제도출 과정 및 과제 수행 계획(일정)을 간략히 소개한다. 해당 주제를 선정하게 된 배경과 중요성, 기대효과를 언급하는 것이 효과적이다. 본론에서는 문제를 탐색하기 위한 방법과 분석 내용을 구체적으로 정리한다. 어떻게 문제를 정의 내리고 해결해야 할 문제를 범위를 결정했는지 설명한다. 그리고 학생들이 문제해결을 위한 아이디어를 어떻게 모으고 해결방안을 도출했는지를 어필하도록 한다. 마지막 결론에서는 분석결과에 대한 시사점, 교훈점을 언급한다. 기업이나 사회 관점에서, 혹은 학생 역량 강화 관점에서의 얻은 인사이트를 정리하도록 한다. 모든 연구나 조사에는 한계점이 있기 때문에, 조사 및 분석 과정의 어려움을 정리해서 발표한다. 또한 본 과제를 통해 달성하진 못했지만 향후 연구 및 조사하고 싶은 내용을 언급하는 것도 가능하다.

경영학 같은 인문·사회과학 관점의 캡스톤 디자인 단계는 [표 2-9]와 같다. 공학적인 관점의 캡스톤 디자인은 수요조사 분석을 통해 문제를 정의하고, 창의적인 설계를 통해 문제를 해결한다. 경영학과 같은 인문·사회과학에서는 문제의 정의는 공학과 비슷한 과정이지만, 공학의 개념 설계 대신 현재 환경을 분석(As-Is)하고, 상세설계 대신 창의적 해결을 위한 전략을 설계(To-Be)한다. 또한 공학의 제작 과정과 대비하여 실행 계획을 수립한다(광주대학교, 2015).

[표 2-9] **학문영역별 캡스톤 디자인 단계**

공학적 관점		인문 사회과학적 관점	
단계	내용	단계	내용
문제의 정의	• 제품 개발 필요성 인식 • 설문조사 및 시장성 평가 • 문제 정의문 작성	문제의 정의	• 필요성 인식 및 • 문헌조사 및 설문조사 • 문제 정의
개념 설계	• 창의적 해결안 창출 • 최종안의 선정	환경 분석 (AS-IS)	• 외부환경 분석 • 내부환경 분석
상세 설계	• 문제의 수학적/역학적 모델링 • 공학적 해석(상용SW 사용) • 형상모델링 및 도면 작성	전략설계 (TO-BE)	• 창의적 해결방안 도출 • 전략방향 수립 • 세부 운영방안
제작	• 제작과정 • 비용분석 및 원가계산	실행 계획 수립	• 실행 및 단계별 실행
실험 및 결과	그래프 작성/결과 분석	결과 분석	결과 분석
결론	기대효과, 시사점, 한계점	결론	기대효과, 시사점, 한계점

2. 프로젝트 평가

과제 수행에 대한 평가는 교수자, 산업체 실무진 평가, 그리고 학생 상호 평가를 실시할 수 있다. 일반적으로 교수자만 평가하지만, 실무진의 피드백 및 평가는 전문가 관점에서 현실적인 의견을 반영할 수 있어 학생들이 평가결과에 대한 수용도가 높다.

오형준, 김준형(2020)은 팀 프로젝트 수행에 학생 간 상호평가 항목을 [표 2−10]과 같이 개발하여 학생들이 서로에 대해 평가를 하면서 자신의 팀 활동을 되돌아보고 비교할 수 있는 계기를 마련하였다.

[표 2-10] **상호평가 및 최종평가 문항**

번호	질문
1	설계과정에서 학문적 지식이 적절히 활용되고 계획서가 잘 정리되어 있는지?
2	과제 도출 및 설계 단계에서 선행 기술 자료가 체계적으로 검토/분석되고 인용(참고문헌)되었는지?
3	작품설계 및 제작 과정의 모든 과정이 최종발표에 체계적으로 정리가 되어있는지?
4	발표 시간 및 발표 준비 등을 철저히 지키고 있는지?
5	최종발표 준비과정 및 과제의 준비가 체계적으로 이루어졌는지?
6	질문 및 토론에 대한 발표자의 대응, 수준과 발표 능력이 충분한지?
7	과제의 실용적 가치 및 전문성이 있는지?
8	발표가 논리적이며 본 과제의 내용을 충분히 설명할 수 있었는지?
9	프로젝트의 진행이 계획서 대비 제대로 진행되었는가?
10	최종 시연 영상이 제대로 작성되었는가?
기타	이 팀에 대한 의견이 있을 시 자유로이 기재

김홍규(2020)는 [표 2-11]과 같이 캡스톤 디자인 수업에 대한 학생만족도 평가항목을 개발하여 수업 내용의 실효성, 적절성을 파악하고 제안 및 개선사항을 수집하는 방법을 제시하였다.

김현주(2017)는 [표 2-12]와 같이 반응평가, 학습평가, 행동평가, 결과평가의 4단계로 각가 3항목씩 설문 항목을 구성하여 각 항목은 리커트 5점 척도로 평가하는 방법을 제시하였다. 반응평가에서는 캡스톤 디자인 프로그램의 구성과 내용에 대한 반응, 그리고 교육을 실시한 환경와 관련된 요소에 대한 반응, 그리고 교육 내용을 향후 활용할 뜻이 있는지를 질문하였다.

[표 2-11] 학생 캡스톤 디자인 수업만족도

설문 내용	평가				
캡스톤 디자인 내용의 실효성	매우 만족	만족	보통	부족	매우 부족
1. 캡스톤 디자인이 이론을 실무에 적용하여 실제적인 지식을 습득하는 데 도움되었다.					
2. 캡스톤 디자인이 창의성 개발, 발표능력, 팀워크, 리더의 역할을 수행 등 능력향상의 기회를 제공하였다.					
3. 캡스톤 디자인이 과제를 수행하는 데 있어 스스로 설계, 제작, 평가하는 기회가 되었다.					
캡스톤 디자인 운영의 적절성	매우 만족	만족	보통	부족	매우 부족
4. 캡스톤 디자인 과제 선정은 팀원(교수, 학생, 산업체 인사)들이 협의하여 반영되었다.					
5. 캡스톤 디자인 과제를 수행하는 데 있어 구성원의 수는 적정하다고 생각한다.					
6. 캡스톤 디자인 수행기간(1학기)은 적절하다고 생각한다.					
캡스톤 디자인에 대한 만족도	매우 만족	만족	보통	부족	매우 부족
7. 캡스톤 디자인 목적에 맞는 결과물이 도출되었다.					
8. 캡스톤 디자인을 통해 실무능력이 향상되었다.					
9. 후배들에게 캡스톤 디자인 참여를 권유하겠다.					
제안 및 건의사항					
10. 캡스톤 디자인 과제를 수행하면서 개선이 필요한 사항이 있었다면 서술하여 주십시오.					

[표 2-12] **학생수업달성도 평가항목**

확인항목	평가				
반응평가	1	2	3	4	5
캡스톤 디자인 프로그램의 산학협력은 효과적으로 운영되었다.					
교수자는 다양한 수업방법을 사용해 수업내용을 정확하게 전달하였다					
산업체 방문, 특강 초빙, 실무진 피드백 등을 통해 실무를 경험했다.					
학습평가					
캡스톤 디자인 프로그램을 통해 나의 실무 디자인력을 향상시켰다.					
텍스타일 디자인, 가족형 라이프스타일 패션상품에 관한 관심이 많아졌다.					
텍스타일 디자인, 가족형 라이프스타일 패션상품에 관한 지식이 많아졌다.					
행동평가					
수업에서 배운 디자인 프로세스는 타 업무수행에 도움이 되었다.					
팀워크와 소통능력 향상에 도움이 되었다.					
이번에 경험한 내용을 창업, 개인 포트폴리오 구축 등에 활용할 것이다.					
결과평가					
캡스톤 디자인 프로그램은 학생들에게 유익하였다.					
과제수행에 투입한 시간, 노력 대비 내가 얻은 것이 더 많다.					
이 수업을 후배들에게도 추천할 것이다.					

다음 학습평가에서는 캡스톤 디자인을 통해 개선 또는 증가되는 지식, 스킬, 태도를 측정하였고, 행동평가에서는 수업을 통해 학습한 지식, 스킬, 태도를 학생이 문제해결 과정에서 활용하는 정도를 측정하였다. 마지막으로 결과평가에서는 수업이 팀에게 가져다 준 이익과 본인에게 미친 영향, 투입한 노력과 시간 대비 얻은 이익을 측정하였다.

캡스톤 디자인 수업 중 진행된 각종 성과물은 지도 교수와의 협의를 통하여 아래의 지적 재산권으로 보호받을 수 있다. 저작권, 특허권, 실용신안권, 상표권, 디자인권에 대한 이해를 통해, 수업 성과물을 적극 활용할 수 있도록 한다.

○ 저작권(Copy Right)

저작권은 인간의 사상이나 감정을 표현해낸 창작물에 대한 독점적인 권리를 의미한다. 글(소설, 시, 논문, 각본), 사진, 연극, 무용, 회화, 서예, 컴퓨터 프로그램, 음원(작사, 작곡) 등이 있다. 또한 원저작물을 번역, 편곡, 변형의 방법으로 창작한 결과물을 2차적 저작물이라고 한다. 저작물을 편집하거나 단순 번역한 것, 혹은 사실의 전달 등은 저작권의 대상이 아니다(두피디아).

○ 특허권(Patent Right)

특허란 '자연법칙을 이용한 기술적 사상의 창작으로 고도한 것이며, 아직까지 없었던 물건이나 물질 혹은 방법을 최초로 창작한 핵심기술'이다. 특허의 요건은 산업상 이용 가능성, 신규성, 진보성, 선출원발명 등이다. 특허권이란 '산업발전을 목적으로 새로운 기술을 공개하는 대가로 새로운 방법과 물건에 일정 기간 부여되는 독점권'을 의미한다.

즉, 특허는 독창적 기술을 개발, 발명한 사람의 권익을 보호하기 위한 것이며, 특허의 등록과정을 통하여 공개된 특정 기술은 법적, 제도적으로 보호를 받게 된다는 선언이다. 이로 인하여 동일 기술에 대한 연구는 그 이상의 의미를 갖지 못하게 된다. 특허를 통하여 특허권자에게는 적절한 보상이 발생하게 되며, 실시권자에게는 특허기술이 적용된 제품을 생산하도록 하여 수익을 창출하게 한다. 특허는 출원일로부터 20년간 보호받게 된다. 한편, 특허는 '속지주의'를 택하고 있어 우리나라에서 등록된 특허는 우리나라에서만 보호를 받게 된다는 의미로, 특정 국가에서 보호를 받기 원하는 발명은 해당 나라의 특허청에 등록하여야 한다(김기현, 이승민, 이준하, 2011).

○ 실용신안권(Model Utility Right)

실용신안권이란 기존에 존재하고 있는 물품을 개량, 개발하여 실용성과 유용성을 고도화한 고안을 출원하여 부여받는 권리이다. 따라서 특허보다는 기술의 고도성이 다소 결여되어 있다. 특허 받은 물품이라 할지라도 이를 통하여 개량발명, 소발명을 보호하고 장려하여 기술발전을 촉진하기 위하여 도입된 제도이다.

특히, 1999년 7월부터 제도가 크게 변경되어 심사를 거치지 않고 일정한 형식을 갖추어 제출하면 실용신안권을 허락하고 있다. 특정 심사의 과정이 없기 때문에 특허청에 반드시 기술평가신청을 하여 등록유지 결정을 받은 후 권리행사를 해야 한다. 출원 후 6~8개월 후 권리부여가 되며 출원일로부터 10년간 인정받는다. 특허와 실용신안은 이중출원이 가능하다(매일경제용어사전).

○ 상표권(Trade Mark Right)

등록상표를 지정상품에 독점적으로 사용할 수 있는 권리이다. 상표란 상품의 표시로서 판매업자가 자신의 상품을 다른 업자와의 상품과 구별하기 위하여 사용하는 기호, 문자, 도형 혹은 이 모든 것을 결합한 결과물을 의미한다. 상표권을 보호하는 이유는 업무상 신용 유지를 통한 산업

발전에 기여하고 수요자의 이익을 보호하는 데 있다. 상표권은 설정등록 후 10년간 보호되며 10년마다 갱신할 수 있다(매일경제용어사전).

○ 디자인권(Design Right)

디자인권은 디자인을 등록한 자가 해당 디자인에 대하여 갖게 되는 독점적 권리이다. 기본디자인과 유사한 디자인의 독자적 디자인권을 인정하는 관련디자인 제도가 도입되어 관련 디자인에 대한 권리의 범위와 권리의 존속기간이 부여되는 등 창작자의 권리보호가 한층 강화되었다. 디자인권은 디자인등록출원일 후 20년까지 보호된다(매일경제용어사전).

캡스톤 디자인 수업을 통하여 진행된 각종 결과물들은 적극적으로 지식재산권을 창출하도록 권장된다. 학생들을 자신들의 지식재산권을 바탕으로 창업을 진행할 수 있으며, 향후 관련기업 취업시에도 큰 장점이 될 것이다. 따라서 관련된 지식재산권을 창출하고자 하는 학생은 반드시 지도 교수와 상의하여 산학협력센터를 통하여 등록하는 것이 좋다.

각종 권리에 대한 개념은 특허청(https://www.kipo.go.kr/ko/MainApp.do) 홈페이지를 참조하면 된다. 특히 특허의 경우 선행 특허가 있는지 여부를 알아보는 것이 무엇보다 우선되는데, 우리나라에서는 모든 특허의 출원, 등록과정을 특허정보검색 사이트 키프리스(http://www.kipris.or.kr/khome/main.jsp)를 통하여 투명하게 공개하고 있으므로 자주 검색해 보는 것이 도움이 된다.

3. 캡스톤 디자인의 성과

캡스톤 디자인 교과목은 전공지식을 직접 산업현장에 적용하여 결과물을 도출하는 유형의 수업으로 일반 교과목과는 달리 지적 재산권 출원, 기술이전, 논문 발표, 시제품 제작, 쇼케이스 등과 같은 정량적 성과와 직업기초능력 향상, 자기 효능감 제고 등 정성적 성과가 동시에 나타난다(유천 외, 2021).

[표 2-13]과 같이 캡스톤 디자인 수업을 통해 학생들 스스로 가시적인 성과물을 만들어 낼 수 있다는 자긍심과 보람을 느낄 수 있으며, 학회 발표를 통해 공개적인 피드백을 받아 아이디어를 구현할 수 있다. 인문사회계열은 공학 및 예술 계열에 비해 시제품 제작, 기술이전, 디자인 출원 등에 대한 한계점을 지니고 있으나 경영, 경제, 지역사회 전반에 개선 및 개발해야 할 요소를 도출하여 이를 체계적으로 정리하여 아웃풋을 만들어 낸다면, 기업의 마케팅 및 운영관리의 변화를 가져올 수 있고 사회 전반의 삶의 질을 향상시킬 수 있을 것이다.

[표 2-13] 캡스톤 디자인 교과목 학습성과

정량적 학습성과	정성적 학습성과
디자인출원, 특허출원, 기술이전, 논문발표, 취업, 시제품 제작, 쇼케이스, 실용신안등록, 컨텐츠 개발 및 영상 제작	전공지식 이해도, 의사소통 능력, 자기주도역량, 수업 만족도, 협력도, 글로벌 마인드, 자기효능감, 성취감, 자신감

임욱빈, 황영아(2021)는 캡스톤 디자인 수업 성과분석을 위해 수강생을 대상으로 설문조사를 실시하였다. 설문 문항은 전반적 만족도, 실무역량 향상 수준, 멘토의 도움 수준, 향후 수강계획 및 추천 의사 등을 포함하였고, 캡스톤 디자인 수업이 기존 수업과의 차이점, 장점과 단점(애로사항) 등에 관한 상세 의견을 작성하도록 하였다.

기존 수업과의 차이점은 '실습 중심', '학생 주도형'이 주요 키워드로 도출되었고, 수업의 장점으로는 업무적용 가능한 지식 및 기술의 증대, 선행 학습 내용의 종합적 적용, 멘토의 활용, 그리고 학업에 대한 성취감 증대로 나타났다. 수업의 단점으로는 팀 활동의 어려움과 기업정보 수입의 어려움을 토로하였다.

여러 학자들이 연구한 기존 수업과 캡스톤 디자인 수업의 차이점을 종합하면 다음과 같다. 첫째, 기존에 과제들이 이론 암기 중심으로 현장과 연계되지 않았지만 캡스톤 디자인 수업은 산업체 연계를 통해 현장의 문제점을 도출 및 분석하고 아이디어를 개발 및 선택하여 실질적인 개선방안을 만드는 것이다. 둘째, 기존 수업이 이론학습 및 이론적인 자료 수집에 중점을 두었다면, 캡스톤 디자인 수업은 체험형 현장실무 수업으로 산업체 인사가 멘토로 참여하고 학생들의 분석한 자료 및 아이디어에 대한 피드백을 받을 수 있다. 셋째, 기존 수업은 자발적 학습이 부족하고 수업에 대한 몰입감이 떨어졌지만, 캡스톤 디자인 수업은 단계별 성과를 만드는 것에 대한 성취감을 느낄 수 있으며, 프로젝트 수행을 통해 문제해결력을 높일 수 있다. 특히 학생들 간에 소통을 강화할 수 있고 셀프 리더십을 함양할 수 있어 취업 준비를 위한 실무중심의 인재를 육성하는데 최적화된 교과목이다.

SK planet NFC 공모전

—— 시각 장애인을 위한 실내 내비게이션 시스템 ——

SK 플래닛이 NFC의 활용성을 높이기 위해 진행한 공모전에서 융합 캡스톤 디자인 과목을 수강한 '이목구비' 팀이 시각 장애인용 NFC 서비스인 '귀로 보다'라는 아이디어를 발표하여 은상을 수상하였다. 이목구비 팀은 2012년 2학기에 융합 캡스톤 디자인 수업을 함께 들은 비교문화 협동과정 대학원생 서혜미와 디자인학과 최혜정, 전기전자공학과 장진수, 최보락 학생으로 이루어진 팀이다.

이 아이디어는 시각 장애인이 외부에서 건물 안으로 진입했을 때, 입구에서 스마트폰의 NFC 태깅을 통해 실내 안내를 받을 수 있도록 하는 서비스다. 시각 장애인들이 스마트폰으로 길 안내를 받을 때, 외부에서는 위성 위치 확인 시스템(GPS)을 통해, 건물 내부에서는 무선랜(Wi-Fi)을 통해 이루어진다. 그런데 기존에는 시각 장애인이 건물 외부에서 내부로 들어갈 때 번거롭게도 일일이 GPS를 끄고 무선랜을 켜는 등의 복잡한 설정 변경을 해야 했다. 또 건물 내부에서 실시간으로 지도를 내려받기 때문에 배터리 소모가 많다는 단점도 있었다. 그러나 이목구비 팀의 아이디어에 따르면, NFC 태깅 한 번으로 GPS에서 무선랜으로 설정을 바꿀 수 있다. 또한 NFC 태깅 과정에서 건물 지도 정보도 한 번에 내려받을 수 있으므로 실시간 배터리 소모량이 적을 수밖에 없다.

최혜정 양은 "예전에 지하철을 탔는데, 한 시각 장애인이 안내견을 데리고 다니면서 스마트폰으로 전화도 걸고 문자 메시지(SMS)도 보내는 걸 본 적이 있다"면서 "시각 장애인이 스마트폰을 사용할 수 있는 기술적인 환경은 마련됐다고 이해했으며, 이들이 비장애인들처럼 불편 없이 다닐 수 있도록 돕는 서비스가 있으면 좋겠다고 생각했다"고 아이디어 제안 배경을 설명했다.[7]

출처: 성균관대학교 융합캡스톤 디자인 자료 발췌

참고문헌

광주대학교(2015), 캡스톤 디자인 매뉴얼.

김계수, 이돈희, 최정훈 옮김(2022), 이것이 서비스디자인 행동이다, 도서출판 청람.

김기현, 이승민, 이준하(2011), 표준과 특허의 관계 및 표준특허의 정의와 특성, Patent 21(2011.6.1.), 10-15.

김정연, 태진미(2018), 캡스톤 디자인 수업에 대한 비공학 및 공학계열 대학생의 학습경험과 학습성과 인식 차이, 통합교육과정연구, 12(1), 109-138.

김현주(2017), 대학 교과과정에서의 산학협력 캡스톤 디자인 프로그램 사례제안과 수업평가체계 디자인, 한국기초조형학회, 18(2), 126-142.

김홍규(2020), 산학맞춤형 캡스톤 디자인 교육사례 연구, 5(1), 56-68, Korea Institute of Design Research Society.

김홍수(2021), 캡스톤 디자인의 이해, 박영사.

두피디아, http://www.doopedia.co.kr

매일경제용어사전, https://www.mk.co.kr/dic/

박영택(2016), 창의발상론, 한국표준협회미디어.

양광모(2013), 팀워크가 가지는 위대한 힘을 잊지 말라. 블록체인AI뉴스(2013.3.5.)

오충원(2016), GIS교육에서 캡스톤 디자인에 관한 연구, 국토지리학회지, 50(1), 105-115.

오형준, 김준형(2020), 3-Tier 캡스톤 디자인 : SW 개발 캡스톤 디자인 사례 연구, 창의정보문화연구, 6(3), 199-207.

유천, 오유미, 최동오(2021), 캡스톤 디자인 교과목 학습성과 영향요인 연구: 팀규모와 교수자원을 중심으로, 기업교육과 인재연구, 23(4), 35-53.

윤미정(2020), 빅데이터는 어떻게 마케팅의 무기가 되는가, 클라우드나인.

임욱빈, 황영아(2021), 경영컨설팅 분야 캡스톤 디자인 수업 사례 연구: H 대학 재직자 중심학과 사례를 중심으로, 한국경영교육학회.

황윤자, 정효정(2021), 디지털 헬스케어 분야 디자인씽킹 기반 교과형 캡스톤 디자인 적용 방안 탐색, 실천공학교육논문지, 13(2), 261-270.

Dabholkar, P. A. and Bagozzi, R. P. (2002), An attitudinal model of technology based self-service: moderating effects of consumer traits and situational factors, Journal of the Academy of Marketing Science, 30(3), pp.184-201.

Chapter 03

캡스톤 디자인 도구

CAPSTONE DESIGN

3.1

서비스 디자인 이해

1. 서비스 디자인의 중요성

Pine and Gilmore(1998)는 서비스 경제시대에 많은 기업들이 단지 상품을 잘 팔기 위해 경험을 이용하였으나, 차별화된 경제적 가치를 제공하기 위해서는 견고한 경험 설계가 이루어져야 한다고 주장하였다. 갈수록 심화되는 글로벌 비즈니스 경제에서 '고객경험 관리'가 경쟁우위를 다질 수 있는 수단으로 인식되고 있기 때문이다.

애플의 CEO이었던 스티브 잡스는 "고객 경험에서 출발해야 한다. 테크놀로지는 나중에 돌아와서 신경을 써도 늦지 않는다."라고 말하며 고객경험 설계의 중요성을 강조하였다. 고객의 관점에서 기업이 제공하는 서비스를 이해하고 고객의 경험을 증진시킬 수 있는 서비스 전략 및 콘셉트 수립이 선행되어야 한다.

기업은 우수 제품 및 서비스를 제공하는 기업을 벤치마킹하고 이를 답습하는 기존의 틀을 벗어나야 한다. 고객이 다시 찾아오고 싶게끔 만들고, 고객으로 하여금 해당 경험을 주변 사람들에게 자세히 이야기하고 싶어지는 기억에 남을만한 서비스를 창출해야 한다. 고객 지향적 설계를 통해 개별적인 경험으로 느낄 수 있도록 만들어야 하는 것이다.

즉 기업들은 '고객경험'*을 개발, 혹은 연출해야 하는 것이다. 긍정적인 경험은 고객의 기억에 남을 뿐 아니라 오랜 시간에 걸쳐 서비스 제공자와 교류를 갖게 함으로써 고객 충성도를 증가시키기 때문이다. 특히, 고객과 서비스 제공자의 접촉빈도가 높은 경쟁적인 서비스일수록 서비스 설계의 주요 요소를 활용한 고객감동 달성이 더욱 중요하다.

서비스 디자인은 이렇듯 서비스기업이 양적 성장에서 질적 성장으로 전환하는 중요한 시점에서 고객의 요구에 부합하는 전달 시스템을 개발하고, 고객에게 제공하는 서비스 내용을 보다 체계적이고 효율적으로 디자인하는 방법이 필요하다는 공감대가 형성되면서 시작되었다.

기업이 당면한 문제를 해결하거나 새로운 서비스 및 상품을 개발하기 위해서는 서비스 디자인 관점에서의 접근이 필요하다. 서비스 디자인의 도입배경과 서비스 디자인에 대한 정의에 대해 살펴보고자 한다.

* 고객만족 vs 고객경험

첫째, 고객만족은 서베이를 통해 간편하게 측정된다는 특징을 갖게 되면서 결과 지표로 사용됐다. 고객경험은 고객이 왜 상품과 만나고, 만난 이후에는 어떤 경험을 하는지 세부적인 순간을 시간별로 쪼개어 이해하기 때문에 과정자료로 사용된다.

즉 고객 만족은 정량적인 결과 수치로 표시돼 기업이나 조직의 성과 측정이나 평가에 주로 사용되고, 고객경험은 정성적인 과정으로 표시돼 시장에 대한 깊이 있는 이해나 상품기획에 주로 사용된다.

둘째, 고객만족은 자사의 상품을 구매한 고객이 구매 이후 상품에 관련해 어떠한 경험을 했는지에 초점을 두는데 비해 고객경험은 자사 상품을 구매하는 것과 무관하게 일상에서 어떠한 경험을 하고 있는지를 이해하는 데에 초점을 둔다.

결과적으로 고객경험은 고객만족에 비해서 이해하려는 경험의 깊이가 깊고 폭이 넓으며, 따라서 가끔은 기업의 경영활동과 무관해 보이는 순간도 포함한다.

출처: 주재우(2015), 고객만족과 고객경험의 차이, 동아비즈니스 리뷰

2. 서비스 디자인의 도입

서비스 디자인은 서비스 자체가 갖고 있는 무형의 특성을 극복하려는 목적으로 사용되고 있고, 서비스를 개발하는 기업에서는 디자인의 유형적인 특성을 강조하였다. 무형의 서비스를 시각화하거나 유형화함으로써 고객이 본질적인 서비스를 제대로 인식하게 하는 데 도움을 준다. 이러한 과정에서 디자이너의 참여가 활발해지면서 2000년대 초반 영국의 디자인 협회(Design Council)를 중심으로 서비스 디자인에 대한 본격적인 연구가 시작되었다.

2004~2007년에 영국 디자인협회에서 '디자인을 통한 사회문제 해결'에 주목하기 시작했고, 2007년 이후 'Dott 07'이라는 프로젝트를 영국 전역에 확대하였다. 예산 규모는 1,400만 파운드였으며 질병 예방 및 관리, 에너지 절감, 학습능률 향상, 시민 참여의식 향상, 교통문제, 노령화 등 각 분야에서 디자인 역할을 실험하였다. 그리고 교통, 교육, 보건 등의 공공 서비스 산업에 적용하는 디자인을 '서비스 디자인'이라고 불렀다. 서비스 디자인 도입 초기에는 자본 투자나 설계상의 어려움, 서비스 디자인에 대한 이해 부족 등 여러 가지 이유로 우리나라 경우에도 철도, 지하철, 병원 등 주요 공공기관에 국한되었다.

지금은 공공서비스를 넘어 기업을 포함한 모든 서비스 부분에서 요구하는 디자인의 개념으로 확장되었다. 유럽과 미국의 선도 디자인 기업을 중심으로 서비스 디자인은 자신들의 사업 차별화 전략으로 활용되기 시작했고, 혁신적 서비스 개선을 필요로 하는 글로벌 기업의 프로젝트 위주로 수행되며 서비스 디자인이 확산되었다.

특히 미국의 디자인 전문회사인 IDEO(아이데오)가 개발한 새로운 개념의 저축예금 서비스가 관심을 얻기 시작했다. [그림 3 - 1]에서 보듯이 2005년 고객사(Client)인 뱅크오브아메리카(Bank of America)는 '잔돈은 가지세요(Keep the Change)라는 금융 상품을 출시하였다. 체크카드로 지불하는 물건 값의 거스름돈을 저축계좌로 바로 입금해 주는 방식의 서비스였다. 커피 한 잔에 3.45달러라고 가정하면, 고객 계좌에서 4달러가 인출되어 이중 3.45달러는 커피숍으로, 나머지 0.55달러는 고객의 저축 계좌로 보내진다. 또한 고객이 물건을 구입하면 결재대금 중 은행이 달러 단위 이하의 거스름돈을 추가로 고객에게 준다는 획기적인 발상이었던 것이다. 물론 고객에게 무한 혜택을 주는 어려움이 있기 때문에 100% 매칭하는 것은 서비스 개시 후 3개월까지로 한정하였다. 그럼에도 불구하고 2005년 첫해 250만 명의 신규 고객을 확보하였고 2006년 비즈니스 위크지에 '사회 경제적 영향을 미친 최고 서비스'로 선정되었다.

[그림 3 - 1] **BOA(Bank of America)의 저축상품 개발**

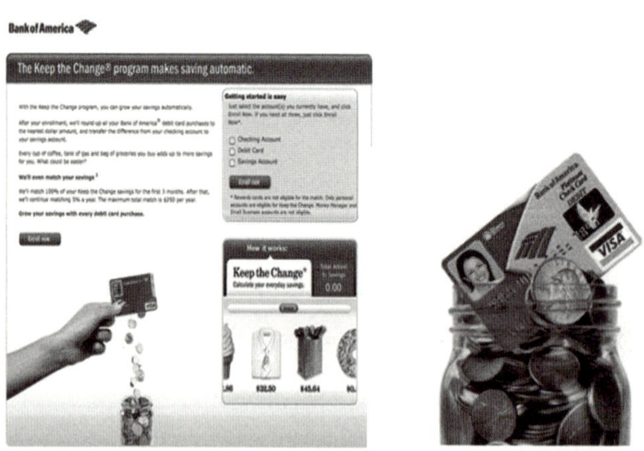

3. 서비스 디자인의 정의

서비스 디자인에 대한 개념은 “10명에게 물어보면 11개 이상 정의가 나온다.”라는 말과 같이 다양하게 정의되고 있다. 여러 가지 정의를 간략히 정리해 보면, 서비스 디자인(Service Design)이란 고객이 서비스를 순차적으로 이용하면서 경험하게 되는 서비스의 가치를 모든 이해관계자가 협력하여 디자인함으로써, 서비스의 내용을 구체화하고 고객에게 더 매력적인 경험을 제공하여 서비스 가치를 향상시키기 위한 일련의 활동으로서 제조에 서비스를 접목하거나 신 서비스 모델을 개발하여 새로운 부가가치를 창출하는 것을 말한다. 이러한 창출활동을 통해 고객의 생각과 행동을 변화시키고 경험을 향상시키는데 사용되고 있는 것이 바로 서비스 디자인이다.

서비스 디자인은 제품의 질이 상향평준화된 이후 제품의 차별화를 부각시키기 위해 등장한 개념으로, 1991년 미하엘 에를호프(Michael Erlhoff) 쾰른 국제 디자인스쿨 교수에 의해 명명되었다. 고객이 프로세스를 경험하면서 느낀 경험과 감성을 세부적으로 분석해 이들에게 필요한 맞춤형 서비스를 제공함으로써 고객이 긍정적 경험을 갖도록 하는 것이다.

영국의 리브워크(Live Work)나 엔진(Engine), 미국의 아이데오(IDEO), 컨티늄(Continuum), 피어인사이트(Peer Insight) 등의 디자인 전문회사에서는 서비스 디자인의 개념을 다양하게 정립하였고, 컨설팅을 통해 서비스 디자인을 기업 실무에 적용하고 있다. 서비스 디자인에 대한 다양한 정의를 [표 3-1]과 같이 정리하였다.

[표 3-1] **서비스 디자인에 대한 정의**

구분	출처	정의
사전	위키피디아	서비스디자인은 서비스제공자와 고객, 고객경험 사이에 질을 높이기 위해 사랑과 인프라, 커뮤니케이션 또한 서비스를 구성하는 물질적인 것을 계획하는 행동
책	서비스디자인시대	고객이 무형의 서비스를 구체적으로 경험하고 평가할 수 있도록 고객과 서비스가 접촉하는 모든 경로의 유·무형의 요소를 창조하는 것
학계	서비스디자인 네트워크	유용하고 편리하며 바람직한 효율적이고 효과적인 서비스 창출을 목적으로 하는 • 고객경험에 초점을 둔 서비스 이용품질을 핵심가치로 추구하는 인간중심적 접근방식 • 전략, 시스템, 프로세스 접점의 통합적 디자인을 고려한 전체론적 접근방식 • 사용자지향적인 다학제적 접근, 지속적 학습을 통합한 체계적, 반복적 프로세스
	인터랙션디자인 코펜하겐 연구소	서비스디자인은 신흥 현장 경험을 통해 무험 및 유형 매체의 조합을 사용하여 좋은 생각을 창출하는 것
기업	리브워크	고객이 다양한 경험을 할 수 있도록 시간의 흐름에 따라 사람들이 다다르게 되는 다양한 터치포인트를 디자인하는 것
	피어인사이트	서비스 혁신을 위해 커뮤니케이션, 공간, 행동, 사람, 사물, 도식 등 서비스를 이루는 유·무형의 요소를 총체적으로 배열하고 리서치에 근거해 디자인하는 것
	디자인싱커스	창조적인 프로세스와 방법을 이용 서비스제공자와 최종사용자간의 상호작용을 디자인하고 조정하는 것
	엔진서비스디자인	훌륭한 서비스를 개발해 제공하도록 돕는 전문 분야로 서비스디자인프로젝트는 환경, 커뮤니케이션, 제품 등 디자인의 여러 분야를 포괄해 고객이 서비스를 쉽고 만족스럽고 효율적으로 누릴 수 있도록 각 요소를 개발하는 것

영국의 디자인협회와 2011년 11월 한국에 설립된 서비스디자인협회는 서비스 디자인에 대해 다음과 같이 정의했다. 영국디자인협회(www.designcouncil.org.uk)에서는 서비스 디자인이란 유용하고, 사용 가능하고, 효과적이고, 효율적이며, 매력적인 서비스를 만들기 위한 모든 것이라고 하였다. 서비스디자인협회(www.servicedesign.or.kr)에서는 서비스 디자인은 고객이 서비스를 통해 경험하는 모든 유·무형의 요소(사람, 사물, 행동, 감성, 공간, 커뮤니케이션, 도식 등)에 영향을 미치는 모든 경로(프로세스, 시스템, 인터랙션, 감성 로드맵)에 대해 고객 중심의 맥락적인 리서치 방법을 활용해 이해관계자(Stakeholder) 간의 잠재된 요구를 포착하고, 이를 창의적이고 다학제적(Consilience)·협력적인 디자인 방법을 통해 실체화(Embodiment) 함으로써 고객 및 서비스 제공자에게 효과적이고 효율적이며 매력적인 서비스 경험을 향상시키는 방법 및 분야로 정의하였다.

국내외 서비스 디자인에 대한 이론적 연구와 실무적 접근은 경영, 디자인, 산업공학, 서비스사이언스 등 다양한 분야에서 이루어지고 있기 때문에 각자의 영역에 맞는 다양한 정의가 내려지고 있다. 그러나 공통적으로 강조하는 키워드는 유사하다고 볼 수 있다. 서비스 디자인은 서비스를 구성하는 유·무형의 요소를 통합적으로 기획하고 개발하는 역할을 한다(윤성원, 2014). 서비스 디자인은 무형의 경험을 시각화해 유형의 요소로 만들어 주는 과정, 고객의 욕구를 이해하고 충족시키는 방법을 찾는 과정, 서비스 최접점에 있는 직원들에게 새로운 역할을 부여하는 과정까지 포괄하는 개념이다.

서비스 디자인에 대한 다양한 정의를 요약하자면, 서비스 디자인은 고객의 긍정적 경험을 가장 강조하고 있으며 창조적인 아이디어와 효과적인 도구를 활용하는 통합적 접근방식을 통해 서비스 혁신과 고객 가치 발굴에 적합한 유·무형의 요소를 개발하는 활동(프로세스)이라고 할 수 있다.

[표 3-2]를 보면 경영 컨설팅, 서비스 디자인, 경험 디자인 간 차이점을 살펴볼 수 있다. 기존의 경영 컨설팅이 기업 중심의 논리적 방식과 프로세스 표준화, 효율화를 중시한다면, 서비스 디자인과 경험 디자인은 고객 중심의 디자인 사고*방식으로 잠재 고객의 니즈를 발견하는데 초점을 둔다. 서비스 디자인보다 경험 디자인은 보다 더 고객 관점의 접근방식으로 정량, 정성의 논리적 근거가 있는 성과를 얻고자 한다.

*** 디자인 사고(Design Thinking)**

고객 관점에서의 관찰, 분석을 통해 해결방안을 지속적으로 도출하여 향상 및 개선해 나가는 접근방식

구분	Business thinking	Design thinking
관점	공급자	고객
문제정의	Analysis Survey Interview	Ethnography Observation
Communication 수단	Excel & power point	대면 접촉
해결방안을 도출하는 방법/과정	최고의 답 인증	반복 시도(더 나은 해답) Rapid prototyping
주 활동 장소	회의실	현장
사고 모형	분석적	분석과 직관

출처: 리팅이 외(2014). 스탠퍼드 대학의 디자인 씽킹 강의노트. 인서트

[표 3-2] **경영 컨설팅, 서비스 디자인, 경험 디자인 간 차이점 비교**

구분	경영 컨설팅	서비스 디자인	경험 디자인
Focus	기업 중심	기업고객 중심	고객 중심
Perspective	경영 자원의 선택과 집중을 통한 경쟁우위 확보, 프로세스 효율화, 표준화	고객의 잠재 니즈 발견 이해관계자의 욕구 발견, 표준화	고객의 잠재 니즈 발견, 고객 경험 향상
Methods	3C 분석, 5 Forces Model, BPR Business Process Reengineering), 6 sigma 등	고객 관찰, 스토리보드, 페르소나, 고객여정 매핑, 서비스 블루 프린팅 등	고객 관찰, 스토리보드, 페르소나, 유저빌러티 테스트, 포커스그룹 인터뷰 등
Thinking	논리적 사고 (Logical Thinking)	디자인 사고 (Design Thinking)	디자인 사고 (Design Thinking)
Output	보고서(Report)의 적용을 위해서는 추가 개발 필요	시각화된 보고서 (Report 즉시 적용 가능한 결과)	정량/정성의 논리적 근거가 있는 디자인 결과물
Company	McKinsey, Boston Consulting Group, Accenture 등	IDEO, Engine, Livel works, Design thinkers 등	COPPER U, Adaptive path, PXD 등

출처: 엔진 서비스디자인워크숍 참가 결과 보고서(한수련, 2010) 내용 중 수정

3.2

서비스 디자인 프로세스

1. 서비스 디자인의 특징

Design Wales*는 서비스 디자인의 주요 특징을 다음과 같이 4가지로 구분하여 정리하였다.

첫째, 서비스 디자인은 고객의 요구를 발견하는 디자인 리서치 부문이 중점을 둔다는 것이다. 기존의 전통적인 디자인 프로젝트와 비교해 볼 때 전체 프로젝트에 있어 리서치 부분에 많은 예산과 인적 자원을 투입한다. 고객의 세분화된 요구를 발굴하기 위해 고객 행동을 관찰하고 분석함으로써 고객이 브랜드에 대한 긍정 경험을 갖도록 해야 한다.

둘째, 공동 개발(Co-Creation)에 의한 문제해결이다. 일반적으로 Co-Creation이라고 하면 여러 분야의 문제해결 전문가가 함께 협업하는

* Design Wales 소개

- 건물, 장소 및 공공 영역에서 좋은 디자인의 우수성을 중요시하고 향상시키는 데 기여하기 위한 네트워크
- 영국 웨일즈의 시골, 마을, 도시를 형성하는 건축, 도시, 경관 디자인 분야의 전문가들과 협력을 통하여 디자인 지침을 개발하고 새로이 융합시킴
- 디자인위원회를 통해 도시계획 및 재생, 에너지, 인프라 부문에 있어 전문가, 지방정부 관계자, 클라이언트 주체들 간의 네트워크를 구축하고자 함
- 디자인 분야의 전문적인 인재들을 양성하며 이들의 전문지식을 웨일즈 지역에 널리 활용하고자 함

것을 연상하기 쉽지만, 서비스 디자인 기업의 다양한 이해관계자가 공동 참여하여 문제를 새로운 시각으로 정의하고 해결책을 찾는다는 측면이라고 이해하는 것이 더 적절하다. 서비스 디자인 컨설팅을 하기 위해서는 뇌 생리학, 심리학, 행동경제학 등 여러 분야의 전문가가 모이게 된다. 서비스기업 내부에 이런 다양한 전문가를 보유하기란 쉽지 않기 때문에 공동 개발팀을 구성하여 체계적인 학습을 통해 내부 실행력을 높이는 방법을 활용하는 경우가 많다.

서비스 디자인의 성공케이스로 알려진 메이요 클리닉 혁신센터에는 20명의 디자이너를 포함, 60여 명의 직원이 근무하고 있다. 이들은 의료경영 전문가, 그래픽 디자이너, 제품 디자이너, 통계학자, 인류학자 등 다양한 경험을 가진 사람들로 이루어져 있다. 혁신센터에서는 서비스 디자인 방법을 활용하여 환자 중심의 병원을 만들기 위해 고객의 Pain point**(불편하거나 불쾌한 경험)를 지속적으로 발굴하고 개선점을 찾고 있다. 기존의 서비스 프로세스 개선에서 Fail point(실패점)를 발굴하여 실수

** Fail point vs Pain point

고객접점 발생하는 고객의 실수 및 실패점(Fail point)을 발견하고 미리 예방하는 활동을 통해 서비스 개선을 도모하였다. 예를 들어 고객이 염색을 하고 나서 뜨거운 물로 헹구게 되면 염색물이 빠지게 된다. 고객은 자신의 실수로 생각하지 않고 제품의 불량이라 오인하게 된다. 그러다 보니 서비스 접점직원들은 염색한 후 고객에게 '찬물로 헹구세요'라고 안내함으로써 고객 행동의 실수를 줄이고자 한다.

불편하거나 불쾌한 점을 뜻하는 Pain point(페인 포인트)는 Fail point와 유사한 개념으로 사용되기도 하지만 조금 더 고객 개개인이 느낄 수 있는 경험에 초점을 두고 있다. 임산부이기 때문에 줄서기 힘들다거나 아이를 동반해서 자유로운 이동이 어렵다는 것과 같이 고객의 상황이나 입장에 따른 경험에 중심을 두며 표현하는 불편함보다는 표현하지 않는 불쾌감에 해당하는 경우도 있다.

함께 토론하기

1. 일상에서 경험하는 서비스 중 고객관점의 실패점(Fail point), 고객 경험상의 불편점(Pain point)을 작성한다.

2. 고객 실수 및 실패점을 줄이기 위한 방법은 무엇일까?

3. 고객의 부정적 경험을 감소시킬 수 있는 방법은 무엇일까?

및 실패 예방방법을 모색하는 활동에서 고객의 숨겨진 요구를 찾는 것까지 확장했다고 볼 수 있다.

셋째, 고객이 이해하기 편리하고 가독성이 있는 시각화가 강조된다. 서비스 과정을 다양하면서도 창의적인 방법을 사용함으로써 시각적으로 표현하는 것이다. 예를 들어 서비스 수행 절차를 만화, 일러스트, 사진으로 표현한 스토리보드, 또는 연기자의 역할극(Role Playing)으로 이루어진 영상, 심지어 실제 연기 등 여러 가지 방법이 시각화에 사용된다. 바로 완성도 높은 결과물이 나오는 것이 아니므로, 경험 프로토타입(시제품, ProtoType)을 통해 고객의 반응을 살펴보고, 가능한 많은 감각적 경험 방법을 반복적으로 실행한다는 점이 특징이다.

고객경험을 분석하여 세부적으로 디자인한 청담 SSG(신세계푸드마켓) 정육점에서는 고객과 고기 썰어내는 크기에 대한 합의를 쉽게 하고자 나무토막을 이용하여 고객이 자주 찾는 고기 크기 샘플을 만들었다. 한국 고객의 특성상 '적당히, 얇게, 두껍게'라는 개념이 각자의 주관적인 생각에 따라 다를 수 있기 때문에 서로 불필요한 에너지를 쓰게 되는 경우가 있다. 이런 애로사항을 해결하고자 나무토막을 제시하고 이것을 기준으로 한다면, '나무토막보다는 얇게 혹은 조금 두껍게'라고 편하게 이야기를 나눌 수 있게 된다. 세심하고 작은 디자인을 통해 고객과 편리하게 소통할 수 있는 것이다.

넷째, 이해관계자의 '경험'을 다룬다는 점이다. 서비스 공급자와 고객의 경험을 분석하고 잠재 욕구를 이해할 수 있는 방법을 사용한다. 서비스 제공자 측의 다양한 이해관계자(내부 경영진, 직원, 협력업체 등)들의 요구를 분석하고 적용하는 것을 중시한다.

즉 서비스 디자인은 고객 경험을 구현하기 위한 유용한 도구이며, 동시에 서비스를 제공하는 이해관계자들의 입장을 고려한다는 것이다. 접점직원이 서비스 디자인의 이점을 충분히 느끼고 고객 서비스 제공에 직접 접목하는 것이 가장 중요하다.

서비스 디자인의 가장 큰 매력 중 하나는 내부 직원의 경험에 초점을 둔다는 것이다. 내부 서비스 프로세스 상에서 발생할 수 있는 장애 요인을 찾아내서 제거하는 것이 외부 고객경험 설계 못지않게 중요한 개선 이슈로 등장하고 있다. 그러나 서비스 접점의 경우, 협업이 서비스 성공 요인을 좌우하는데도 불구하고 각자의 이해관계로 인해 원활한 소통이 이루어지지 않아 고객 불만으로 연결되는 경우가 종종 발생한다. 내부 이해관계자들 간의 협업은 성공적인 서비스 제공을 가능하게 하므로, 내부 프로세스 상에서 발생할 수 있는 병목점(Bottle-neck)을 찾아 개선 또는 제거함으로써 소통 증진방법을 디자인하는 것이 필요하다.

[그림 3-2]는 서비스 디자인 특징 4가지를 간략하게 요약 정리하였다. 서비스 디자인은 고객의 욕구를 리서치하여 다양한 이해관계자들과 함께 공동 참여를 통해 시각화하고 구체화함으로써 고객경험 가치를 극대화하는 것이다.

[그림 3-2] 서비스 디자인 특징

고객의 잠재 욕구를 발견하는 방법으로 디자인 리서치를 매우 강조한다.

서비스 디자인 기업 직원은 물론, 고객사와 고객사의 최종사용자가 함께 문제 정의, 해결책을 제시한다.

"집중적이며 맥락적인 디자인 리서치, 다양한 이해관계자의 욕구를 반영할 수 있도록 하는 공동개발, 특화된 가시화 방법을 통해 고객이 경험하는 제품 및 서비스의 가치를 극대화하는 방법"

가능한 서비스에 대한 모든 것을 시각화하고 구체화한다.

공급자 및 고객의 '경험'을 찾고 이해할 수 있는 다양한 방법론을 활용한다

함께 토론하기

1. 여러분이 생각하는 '서비스 디자인'은 무엇일까?

2. 서비스 디자인 특징 중 과제 수행시 가장 고려해야 할 점은 무엇일까?

2. 서비스 디자인 단계

서비스 디자인은 문제를 발굴하여 문제를 개념화(정의)하며, 문제를 해결할 방법을 모색하여 개발하고 이를 사용자에게 전달하는 과정을 거친다. 이러한 서비스 디자인 실행 단계는 캡스톤 디자인을 실행하는 프로세스에 접목하여 주어진 과제를 성공적으로 해결할 수 있다.

서비스 디자인 프로세스는 국내·외 디자인 전문 기업에 따라 작게는

[표 3-3] **국내외 주요 컨설팅 기업의 서비스 디자인 프로세스**

구분	단계	프로세스
live work	4	insight → ideas → prototype → delivery
Engine Service Design	5	Discovering → informing → Exciting → Optimising → Specifying
Design Thinkers	5	discovering → concepting → designing → building → implementing
Design Council	4	discover → define → develop → delive
SNOOK	4	Discover → Definition → Design → Delivery
IDEO	5	Observation → Implementation → Rapid Prototyping → Refining → Implementation
SEREN	4	Discover → Synthesize → Design → Specify
Peer insight	4	Needsfinding → Synthesize → Development → Implementation
team interface	5	Discovering → Concepting → Prototyping → Specifying → Testing
Moritz	6	Understanding → Thinking → Generating → Filtering → Explaining → Realizing

출처: 김찬숙, 나건(2013). 서비스 디자인 방법으로서의 Co-creation 을 위한 오픈 이노베이션 플랫폼 활용 방안. 디지털디자인학연구, 13(1), 333-342.을 재구성함

3단계부터 많게는 6단계 이상으로 구성되어 있고 각 업들이 사용하는 용어는 조금씩 차이가 있으나 기본적인 프로세스는 조사/발견, 개념/정의, 구체화, 실행/전달 단계로 이루어지고 공통적으로 서비스의 공급자, 수용자, 이해관계자를 분석하여 문제를 해결하고 진행하고 있다(김찬숙과 나건, 2013).

서비스디자인 수행을 위한 가장 일반화된 방법은 더블 다이아몬드 모형을 활용하는 것이다. 2005년 영국의 디자인위원회에 의해서 전 세계적으로 알려지기 시작했다. 정승환 외(2022)는 더블 다이아몬드 모형의 전개 과정을 [그림 3-3]과 같이 요약, 정리하였다. 고객이 원하는 기대를 도출하는 발견(discover) 단계, 발견된 내용을 정리 및 분석하는 정의(de-

[그림 3-3] **서비스 디자인 단계: 더블 다이아몬드 모형**

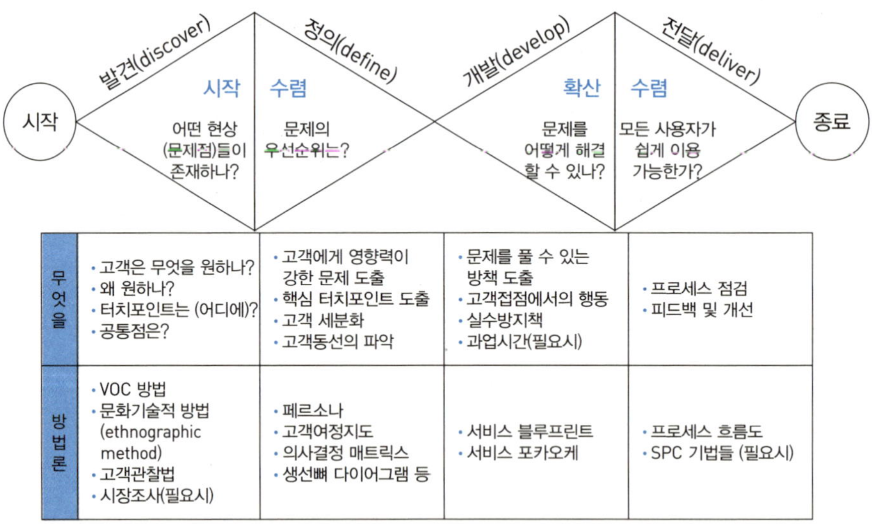

무엇을	• 고객은 무엇을 원하나? • 왜 원하나? • 터치포인트는 (어디에)? • 공통점은?	• 고객에게 영향력이 강한 문제 도출 • 핵심 터치포인트 도출 • 고객 세분화 • 고객동선의 파악	• 문제를 풀 수 있는 방책 도출 • 고객접점에서의 행동 • 실수방지책 • 과업시간(필요시)	• 프로세스 점검 • 피드백 및 개선
방법론	• VOC 방법 • 문화기술적 방법 (ethnographic method) • 고객관찰법 • 시장조사(필요시)	• 페르소나 • 고객여정지도 • 의사결정 매트릭스 • 생선뼈 다이어그램 등	• 서비스 블루프린트 • 서비스 포카오케	• 프로세스 흐름도 • SPC 기법들 (필요시)

출처: 정승환, 이돈희, 이상식(2022). 프로세스관점의 서비스품질경영. 한경사

fine) 단계, 개념화한 내용에 맞는 상품 및 서비스를 만드는 개발(develop) 단계, 그리고 사용자들의 피드백을 반영하는 전달(deliver) 단계로 구성되어 있다.

발견 – 정의 – 개발 – 전달 4단계는 비즈니스 문제를 해결하는 일반적인 프로세스와도 일치하고 개발 및 개선하고자 하는 사항을 구체적으로 시각화할 수 있는 이점을 지니고 있어 캡스톤 디자인 수업을 진행하는 단계로도 유용하게 활용하고 있다.

첫째, 발견단계는 문제 또는 기회에 대해 모든 개선 가능성 있는 점들을 찾아내고, 정의 내리며, 구체화하는 것이다. 고객이 원하는 것이 무엇인지, 왜 필요한지를 조사하고, 고객접점 조사시, 긍정 경험을 제공하는 접점(Gain point)과 부정적 경험을 제공하는 접점(Pain point)을 분석한다. 발견단계에서는 관찰(Observation), 인터뷰(Interview), 쉐도잉(Shadowing)*

* 쉐도잉(Shadowing)은 리서처들이 고객과 전방 직원 및 후방 직원의 생활에 참여해 그들의 행동과 경험을 관찰하는 것이다. 즉, 서비스 사파리가 서비스의 '고객'이 되어 관찰하는 것과 달리, 쉐도잉은 'Shadowing' 글자 그대로 그림자가 되어 서비스나 제품을 이용하는 사용자를 관찰하는 방법론이다.

1. 리서처들은 최대한 눈에 띄지 않게 행동해야 하며 메모나 비디오, 사진 등 다양한 방법을 이용해 과정을 기록한다.
2. 핵심 사항은, '관찰자 효과(리서처들과 함께 있는 것만으로도 이해관계자의 행동에 영향을 줄 수 있다)'를 해결하는 것이다. 따라서, 관찰자는 사용자가 자신의 행동에 어떠한 방해도 받지 않고 자연스럽게 서비스나 제품을 경험할 수 있도록 주의해야 한다.
3. 사용자의 동선을 따라다니거나, 제품을 사용하는 과정을 관찰하는 등 리서치의 목적에 따라 대상을 관찰하고 그 패턴을 분석한다.
4. 사용자의 관점에서 그가 경험하는 서비스나 제품에 대한 경험을 전체적으로 파악할 수 있도록 사용자의 기분, 바디 랭귀지, 얼굴의 표정 등에 대한 관찰력을 높이도록 한다.

출처: Deep wide studio

등의 방법을 사용한다.

둘째, 정의단계는 해결해야 할 문제 또는 기회에 대해서 범위 및 한계를 명확히 해야 한다. 많은 대안과 과제 중에서 핵심 사항들을 수렴해 내는 과정이 중요하다. 핵심 터치포인트의 도출, 필요에 따른 고객의 세분화, 세분화된 고객별 고객여정지도 작성 등이 수행된다. 정의단계는 세분화된 고객그룹의 표현방법인 페르소나, 그리고 고객이 프로세스와의 접촉을 시작으로 서비스가 완성될 때까지의 경로를 그린 고객여정지도(Customer Journey Map), 문제의 원인과 결과를 가시적으로 확인할 수 있는 피시본 다이어그램(Fishbone Diagram)* 등이 활용될 수 있다.

셋째, 개발단계는 앞의 두 단계에서 정의한 아이디어와 콘셉트을 기반으로 테스트하는 과정이다. 프로토타입(Prototype)**을 만들고 서비스를 제공받을 고객의 반응을 살피고, 전문가들에게 피드백을 얻은 후 다시 수정하는 활동을 반복 수행한다. 이 단계에는 고객여정지도(Customer Journey Map), 서비스 청사진(Service Blueprint), 서비스 포카요케(Service Pokayoke), 아이디어 스케치(Idea Sketch) 등이 활용된다. 서비스 디자인

* 이시카와 다이어그램(Ishikawa diagrams), 피시본 다이어그램(Fish bone diagram)은 자료분석 도구로서, 생긴 모양이 생선뼈처럼 생겼다 하여 붙여진 이름으로 일본의 품질 관리 통계학박사 카오루 이시카와가 발명했다. 문제가 커다란 가시를 이루고, 해결 또는 원인, 영향 등이 가시에 살처럼 붙어있는 형상이다. 원인과 결과를 확인하기 위한 용도, 프로세스 초기 단계에 있는 문제점들을 파악하기 위해서 사용하기도 하며, 예상과 결과치를 분석하기 위해서도 사용한다. 대부분 자료분석 툴로 사용하지만 최근 스타트업에서도 시장성 및 수익성 파악을 위한 도구로서 사용하기도 한다.

출처: 위키백과사전

방법론은 단계별로 정해진 것이 아니라 프로젝트나 과제의 목적에 맞게 유연하게 사용하면 된다.

넷째, 전달단계는 개발된 상품 및 서비스가 고객에게 사용되기 시작하기 때문에 현장에서의 생생한 피드백을 수집하고 내부 이해관계자들과의 정보 공유를 통해 수정 및 보완사항을 발굴해야 한다. 만약 새로운 프로세스 설계하거나 고객응대 매뉴얼을 개발했다면 이를 문서화하고 표준화하여 지속적 개선이 가능한 시스템을 구축하는 것이 중요하다.

활용 도구는 고객의 피드백을 수집할 수 있는 VOC(Voice of Customer, 고객의 소리) 및 서비스 지침서, 프로세스 흐름도(Flow chart) 등이 있다. 서비스 디자인 프로세스는 한 번에 결론으로 이어지지 않아 최상의 결과가 도출되도록 재반복 되고 4단계로 나누기는 했으나 각 프로세스가 하나의 유기체로 서로 상호작용한다(최정일 외, 2016). 발견과 정의는 프로젝트 실행을 위한 인사이트를 형성하는 과정이고, 개발과 전달에서는 프로젝트의 콘셉트 개발을 완성하는 과정으로 볼 수 있다.

** 프로토타입(Prototype)은 본격적인 상품화에 앞서 성능을 검증·개선하기 위해 간단히 핵심 기능만 넣어 제작한 기본 모델을 말한다. 시제품, 견본품이라고도 한다. 본격적으로 제품 개발·생산에 들어가면 도중에 중단하거나 취소하는 것이 쉽지 않으므로 사전에 프로토타입을 제작하고 검증 과정을 거쳐 위험 부담을 최소화한다.

이를 위해 예상 고객에게 프로토타입을 사용해보게 하고 피드백을 받아 제품 개선 시 반영하기도 하는데 이를 프로토타이핑(prototyping)이라고 한다. 기계, 자동차, 전자·전기, 컴퓨터, 항공·우주, 토목·건축 등 공학 산업과 패션, 교육, 의료 산업에서 주로 제작하고, 특히 IT 산업에서 활용도가 높다.

출처: 네이버 지식백과(pmg 지식엔진연구소)

함께 토론하기

1. 여러분이 생각하는 고객의 소리(Voice of Customer)의 개념은 무엇입니까? 고객의 소리는 고객 불만만을 수집하는 것을 말하는 것일까?

2. 성공적인 서비스 포카요케(Service Pokayoke)를 찾아본다.

3. 서비스 프로세스 흐름도와 고객여정지도를 작성한다.

   고객에게 제공하는 서비스 프로세스 상의 문제점을 찾아보고, 고객여정지도 작성을 통해 긍정 경험 포인트와 부정 경험 포인트를 발굴한다.

3.3

문제발견(Discover) 도구

기존 상품 및 서비스에 대한 개선, 그리고 개선을 뛰어넘는 새로운 개발을 위해서는 먼저 문제를 발견하고 발견된 문제들을 관련된 이해관계자들과 공유하는 것이 필요하다. 문제를 발견하는 도구로는 관찰, 인터뷰, VOC(Voice of Customer) 분석 등이 있다.

기업에서는 고객 경험을 분석하며 관리하는 방법으로 서비스 현장 실사법(Walk-through audit: WTA)을 활용하는데, 이 방법을 통해 현장에서 고객이 실제 경험하는 서비스 전달의 모든 과정과 사례를 분석하고 고객 경험 관리의 중요성을 인식한다(이상식 외, 2012).

[그림 3-4]는 한 인테리어 지점의 서비스 관찰 결과 중 일부 내용이다. 물리적 환경, 서비스 프로세스(고객 동선), 진열 상태, 그리고 인적 서비스 등에 대해 년 4회 점검하여 꾸준히 개선 활동을 실시하고 있다. 학생들은 서비스 관찰을 통해 해당 서비스기업의 상품 및 서비스에 대한 문제점을 세분화해서 발굴하여 정리하면 된다. 사진, 동영상 등을 활용할 수 있으나 특히 영상 촬영은 해당 기업 및 기관에 사전 허가를 득하고 진행해야 할 것이다.

심층인터뷰(In-depth interview)는 특정 주제 및 이슈에 대한 다양한 관점을 분석하기 위해 관련 이해관계자 또는 외부 전문가와 깊이 있게 대화를 나누는 것이다. 연구자가 특정 기대, 경험, 제품 및 서비스, 운영, 프

[그림 3-4] 진열상대 및 고객 동선 관찰 결과

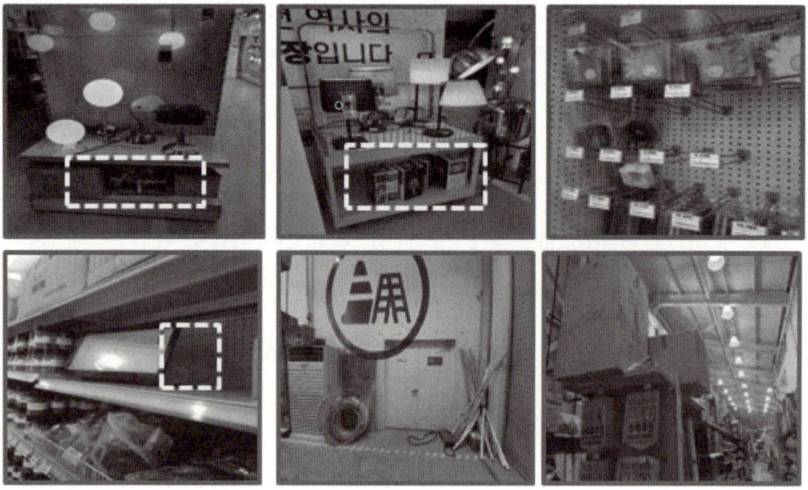

- ▶ 조명 섹션과 관련없는 상품(페인트 브러쉬)을 하단에 보관하였으며 고객 동선상 보이지 않도록 정리할 필요가 있음
- ▶ 상품 정리가 잘 되어있으나, 스탠드 전기선 정리 및 상품박스 정렬 상태를 수시로 관리하도록 해야 함
- ▶ 진열대가 비어 있는 경우가 있으나 품절, 재입고 안내 pop가 설치되어 있지 않음
- ▶ 스마트 액자는 잘 작동이 되나, 스마트 액자 주변 정리 (비닐, 쓰레기등) 필요함
- ▶ 건물 끝 고객동선 주변에 보관하고 있는 배관 보온재의 보관상태 관리 필요함. 눕혀서 보관하거나 하우징을 만들어 꽂아 보관할 수 있도록 해야 함
- ▶ 위험할 수 있는 상부에 적재된 박스 정리가 필요함

출처: 에이스하드웨어 서비스 관찰 보고서 발췌

로세스 등에 대해 더 많이 배우고 개인의 태도, 문제, 요구사항, 아이디어를 발굴할 수 있다(김계수, 2022). 학생들이 문제를 발굴하고 싶은 분야의 내용을 인터뷰지로 직접 만들어 볼 수 있다. 논문의 설문 항목이나 기존 인터뷰지 개발 항목을 활용할 수 있다. 인터뷰 내용 만든 후 상호 피드백을 통해 내용의 완성도를 높이고 난 후 심층 인터뷰를 실시한다.

다음은 고객 심층 인터뷰를 활용하여 의료서비스 개선 및 고객경험 증진을 실천하는 사례이다. 전남대학병원은 환자와 보호자들의 병동 생활 및 퇴원 후 외래 방문에 대한 솔직한 의견과 제안 사항 등에 관한 심층인터뷰를 실시하였다. 환자 인터뷰를 통해 환자경험 평가 항목별 고객 의견 및 피드백을 청취한 후, 진료서비스, 투약 및 치료과정, 병원환경, 환자권리보장 등의 항목에 맞게 환자, 보호자 인터뷰 결과를 기반으로 직원 교육자료 개발, 환자경험관리 대비 지침서 발간, 회진 프로세스 개선 및 회진 알람시스템 도입 등으로 서비스 제공(판매) 후 서비스관리를 개선하였다.

[표 3-4]에 요약된 환자(고객) 경험을 중심으로 환자에게 제공해야 할 핵심 서비스를 단계별 대화와 행동 포인트별로 구체적인 개선방안을 구축하였다. 예를 들어, 존중과 예의를 전달하는 방법, 환자가 이해하기 쉽게 설명하는 스킬(기술), 환자 실수 예방을 위한 주의사항 안내, 공평하게 대우받고 있다고 느낄 수 있는 언어/비언어적 표현방법 등을 외래 및 입원 상담 및 수속 프로세스, 검사 전, 중, 후 프로세스에 맞게 적용할 수 있는 표준 지침서를 개발하여 활용하면 고객은 지속적으로 관리를 받고 있다는 것을 인지하게 되어 고객의 충성도는 높아질 것이다.

고객의 소리(VOC)는 고객의 관점뿐만 아니라 시장에서의 고객행동에 관한 중요한 정보원 역할을 수행할 수 있다. 고객의 소리에서 얻어진 정보를 활용하여 고객접점 서비스 표준매뉴얼 개발, 경영품질 향상 및 고객만족 경영 등이 가능하다(서창적과 이슬기, 2017). 고객의 평가는 고객의 기대와 고객의 경험으로 이루어진 함수이다. 고객의 기대는 점차 올라가고 있고, 고객의 경험은 고객들이 함께 투표하면서 공유하는 현상이 다양

[표 3-4] **환자경험평가 항목별 환자(보호자)인터뷰 결과**

구분	항 목	인터뷰 결과
진료 서비스: 의사	존중/예의	• 환자입장에서 환자의 상태 파악 시 좀 천천히 했으면 좋겠음 • 간호사보다 의사에게 존중받을 수 있는 서비스가 가장 중요함
	경청	• 뇌졸증으로 응급실에 내원했을 때 판단이 느리고 제대로 말을 할 수 없는 상태였음 • 의사의 질문이 너무 빨랐음. 대답을 할 수 없는 상황에서 계속 질문을 하니까 답답하고 힘들었음
	의사와 대화할 기회	• 회진 시간이 너무 짧아 궁금한 점이 있어도 물어보지 못함 • 의료진이 바쁠 때는 질문할 기회도 주지 않고 빨리 가버려 서운함
	회진 시간 관련 정보 제공	• 언제 회진하러 오는지 모르기 때문에 회진을 올 때까지 무조건 자리에서 기다리고 있어야 함 • 아무데도 가지 못하고 기다려야 하는 번거로움이 있음
투약 및 업무 처리 과정	투약/검사/처치 전 설명	• 당일 검사나 처치하는 항목을 미리 안내해 주면 좋을 것 같음. 예를 들어, 갑자기 와서 어떤 이유로 혈액검사를 하는지 설명 없이, 간호사가 '피 검사 있네요, 뽑을게요'라고 이야기함
	질환에 대한 위로와 공감	• 의사 선생님들은 하고 싶은 말만 하시는 것 같음. 예를 들어, 불편한 부분을 호소하더라도 그 부분에 대한 별다른 설명 없이 수술이 잘 되었다고만 하시니 소통이 잘 되지 않는 느낌임
	퇴원 후 주의사항 및 치료계획 정보제공	• 퇴원수속 시간이 오래 걸리는 점이 불만임 • 환자관리는 잘 되고 있는 편이지만 보호자에 대한 관리가 아쉬움. 예를 들어, 병간호하면서 지치기 마련인데 빠른 외래 진료도 안 되고 약 처방도 안 돼서 불편함

한 곳에서 강하게 등장하고 있다. 결국 고객의 평가는 그 자체로도 의미가 있고 또한 점차 파워(Power)를 형성한다(김연성, 2011). 즉, 신상품 및 신서비스 개발과 실행 결과를 예측 가능하게 하는 정보는 고객에게 있는 것이다.

함께 토론하기

1. 고객 인터뷰 질문 항목을 개발한다.

2. 관리자 및 직원 인터뷰 항목을 작성한다.

3. 기업의 고객만족도 조사 지표, 병원의 환자경험평가 지표를 분석해서 공통점을 도출한다.

다음은 고객의 소리를 듣는 채널을 다양화해서 서비스운영관리에 반영하고 있는 사례이다. 롯데월드는 고객유형과 세분 시장에 따라 적합한 방법을 선정하여 고객의 소리를 청취하고 있으며, 수집된 고객의 소리는 마케팅전략팀(CRM), 파크운영팀(손님상담실), HRD팀(홈페이지)과 같은 전담조직에서 정리한다. 정리된 요구사항은 상대적 중요도와 시급성에 따라 우선순위를 정하고 순차적으로 처리한다. 고객유형에 따른 VOC 청취 채널은 [표 3-5]와 같다. 경쟁이 심화로 인하여 서비스의 종류가 다양해지고 판매 채널이 다변화되어, 고객이 원하는 서비스에 대한 정보탐색 환경은 복잡해지고 있다. 이런 측면에서 롯데월드는 고객이 선호하고 활용

[표 3-5] 롯데월드 고객세분화에 따른 VOC 청취 채널

고객 유형		VOC 청취 채널
외부	개인·단체 고객 보유고객(연간회원)	• VOC 시스템, 콜센터, 손님상담실 • SNS(페이스북, 인스타, 트위터 등) • 내·외부 고객 만족도조사 • 고객민원·제안, 현장보고서 등
	잠재고객	• SNS(페이스북, 인스타, 트위터 등) • 외부 리서치 조사결과 등
	협력업체	• VOC 시스템 • 간담회, 초청행사 등
내부	임직원	• 경영진 간담회(대표이사·부문 • 임직원 만족도조사 • 부문·팀·부서간 만족도 조사 • 임직원 제안 등
	캐스트	• 경영진 간담회(대표이사·부문장) • 캐스트 만족도조사 • VOC 시스템, 게시판 등

출처: 롯데월드 현황설명서, 2017

빈도가 높은 채널(SNS 활용, 모바일 VOC 시스템 등)을 운영하여 대응하고 있다(서창적과 이슬기, 2017).

학생들의 경우 기업의 세부 VOC를 파악하기 어렵기 때문에 SNS를 통해 간접적으로 고객의 소리를 확인할 수 있으며, 해당 기업의 상품 및 서비스를 이용한 경험이 있는 사람을 중심으로 몇 가지 설문항목을 만들어 만족, 불만족 VOC를 수집할 수 있다.

18년 동안 아마존을 성공으로 이끈 3가지 큰 전략이 있다. 그것은 고객을 우선으로 생각하고, 발명하고, 인내하는 것이다.

– Jeffrey Preston Bezos

아마존 창업자 제프 베조스의 이메일(jeff@amazone.com)은 누구에게나 공개되어 있다. 고객의 소리를 경청하기 위하여 이메일을 공개했다고 한다. 고객 그 누구라도 아마존을 이용하면서 느낀 불편함을 이메일로 써 보내면 제프 베조스는 빠짐없이 읽은 뒤 각 담당자에게 메일을 전달했는데, 메일에 '?' 하나만 써서 보낸다고 한다. 문제의 이 이메일을 받은 담당자는 가능한 빨리 문제를 조사하여 제프 베조스에게 답장해야 한다.

고객이 무엇을 원하는지 알려면 기업은 고객의 목소리를 들어야 한다. 고객의 욕구가 무엇인지 관찰하고 어떤 서비스에 반응하는지 지켜보아야 한다. 기업 문화 자체를 고객 중심으로 만드는 것도 중요하다. 시시각각 변하는 작금의 시장에서 기업이 경쟁하려면 '고객 중심 사고'가 반드시 필요하다. 아무리 좋은 서비스를 제공하더라도 고객에게 가치가 없는 서비스는 무가치한 서비스일 뿐이다.

출처: 정연호(2022).

3.4

문제 정의(Define) 도구

문제 정의단계는 서비스 디자인 프로젝트의 전반적인 방향을 설정하기 위해 해체와 분석을 통한 서비스원칙을 수립하고 서비스 전략과 콘셉트를 도출한다. 고객을 파악하기 위한 페르소나(Personas) 발굴, 고객경험과 감정을 표현하기 위한 고객여정지도(Customer Journey Map)의 작성으로 고객 터치포인트에서 실패 포인트(Fail point)를 확인하고 서비스 개선 이슈를 도출한다. 전반적인 서비스전달 과정의 맥락과 이해관계를 파악하여 프로세스별 업무 범위와 직원 각자의 역할을 이해하는데 유용하게 활용된다(이혜정, 2020).

페르소나는 해당 기업, 기관의 상품과 서비스를 이용하는 가상의 인물로, 공통된 관심사와 배경을 가진 고객을 묶어 유형화하는 방법이다. 페르소나는 특정 사용자 집단에 대한 정보이므로 비슷한 서비스 요구사항을 가진 집단들을 좀 더 쉽게 이해할 수 있도록 도와주는 기능을 한다. 정의 및 개발단계에서 사용되는 고객여정지도를 작성할 때 고객(사용자)을 대표하는 페르소나를 먼저 정하게 되면, 전체적인 서비스콘셉트 방향을 잡을 수 있다(정승환 외, 2022).

[그림 3-5]와 같이 상품 및 서비스개발에 대한 타깃 고객이 될 가상의 인물에 대한 세부적인 경험을 분석하여 불만사항을 개선하거나 불편을 제거할 수 있는 상품을 개발하는데 활용한다. 저효녀라는 환자 보호

[그림 3-5] **환자 보호자의 페르소나 예시**

인적사항

이름 : 저 효 녀

나이 : 35세

직업 : 정수기 코디네이터

사는곳 : 부천시 원미동

가족관계 : 아버지, 남편, 7살 딸, 3살아들

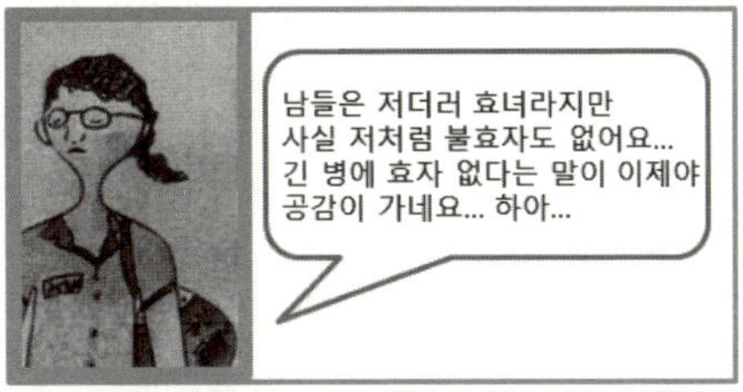

[1] 서비스 이용현황

페르소나가 현재 서비스를 어떻게 이용하고 있는지 적어 봅니다.

- 아버지가 암 진단을 받은 병원 B로 복수를 빼기 위해 자주 내원함.
- 직장인으로, 아버지 성화에 자가용으로 급히 내원해서 주차도 제대로 못하고 아무나에게 도움을 요청함.
- 통증에 소리지르는 아버지와 긴 대기시간으로 직원에게 자주 질문하고, 반복되는 검사에 지친 상황임.
- 기약없는 아버지 치료에 최소한의 검사와 비용이 청구되길 바람

[3] 고객 요구

페르소나가 새로운 서비스를 이용한다면 무엇 때문에 사용하게 될지 써봅니다.
(예 : 주말 공휴일에 항상 열린 응급실을 이용하기 위하여 / 전화 상담 시 원스탑 서비스를 이용하기 위하여)

- 복수만 제거하면 되므로 반복검사는 하지 않았으면 함
- 최소한의 대기시간으로 신속한 처치를 받고 집에 귀가하기 원함.

[2] 서비스 친숙도

페르소나가 현재 서비스 이용에서 느끼는 혼란스러움이나 어려운 점 등을 적어봅니다.

- 내원시마다 반복검사와 긴 대기시간에 불만이 많음.
- B 병원의 불편한 주차시스템으로 올 때마다 짜증이 나고, 아버지 성화에 난감한 심정임.
- 진행상황에 대한 안내를 못 받아 종국엔 성질이 나와 직원과 다투기도 함.
- 한없이 기다리며 무료하고, 이런 반복적인 상황이 우울함.

[4] 주요 목표

새로운 서비스는 페르소나에게 어떤 것을 제공해야 하는지 써봅니다.

- 병원방문(주차), 접수가 편안하도록 배려
- 이전 치료(복수제거)에 대한 빠른 확인과 신속한 치료
- 응급환자와 다른 공간배치로 안정감 제공
- 적절한 정보제공(대기시간, 진행 정도)
- 보호자를 위한 편의서비스

자를 페르소나로 설정하고, 서비스 이용현황, 서비스에 대한 친숙도, 그리고 고객의 요구를 구체적으로 발굴한다. 이것을 토대로 병원에서 주차 및 접수 개선, 응급환자 배치 개선, 보호자 편의서비스 개발을 실시할 수 있다.

[그림 3-6]과 같이 활용도가 높은 고객여정지도는 서비스 프로세스 상에서 고객의 경험을 세부적으로 도출해 냄으로써 고객이 겪게 되는 즐겁거나 기분 나쁜 경험들을 정리하는 도구이다. 즐거운 경험은 보다 강화해야 할 것이고 기분 나쁜 경험은 제거하거나 해결 가능한 대안을 찾아야 한다.

[그림 3-6] 프리미엄 푸드마켓의 고객여정지도

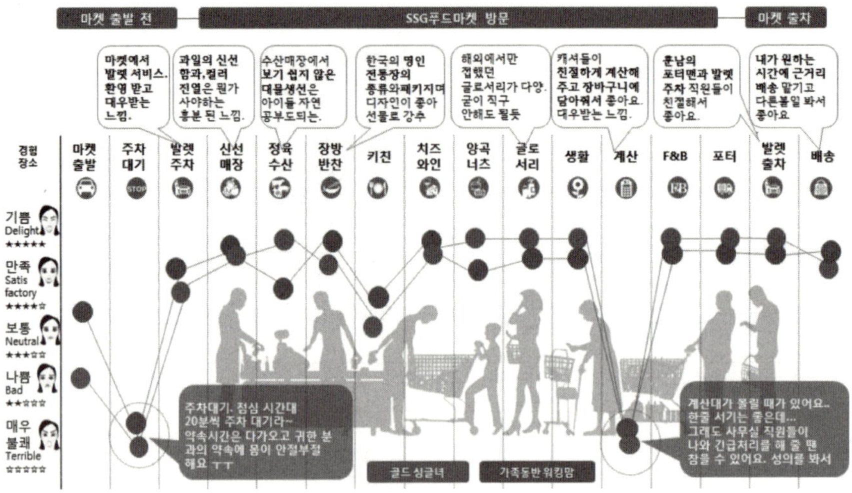

고객은 자가용을 이용해 S프리미엄 푸드마켓을 가장 먼저 방문하고 방문과 동시에 주차대기로 부정적 감정이 형성된다. 발렛주차, 신선매장, 정육/수산매장, 장방/반찬매장, 키친(푸드코트), 치즈/와인매장, 양곡/너츠매장, 글로서리매장, 생활매장을 거쳐 계산대에서 다시 한 번 계산 대기로 인한 부정적 경험을 하게 된다. 이후 F&B매장, 포터서비스, 발렛출차, 배송의 순을 거친다.

고객여정지도를 통해서 알 수 있는 실패 포인트(Fail Point)는 주차장 진입 시 혼잡상태/ 대기로 인한 불편과 계산대 이용 시의 계산 대기로 인한 불편인 것이다(이혜정 외, 2018).

함께 토론하기

1. 페르소나와 고객여정지도 작성의 장점을 찾아본다.

2. 과제 대상 기업 고객의 페르소나를 작성한다.

3. 과제 대상 기업의 고객여정지로를 작성 후 문제점을 정리한다.

3.5

개발(Develop) 도구_ 시제품 및 프로토타입

쇼스택(Shostack, G. Lynn)은 서비스 전달 시스템을 시각적 도표로 표현하면 서비스 설계에도 이 기법을 적용할 수 있다는 점에 착안하여 서비스 청사진(service blueprint)의 사용을 제안하였다(서비스경영연구회 역, 2006). 접점, 후방, 지원부서의 역할과 상호 업무 협조를 파악하게 되고 각 접점에서의 고객의 기대와 요구를 파악하는데 적극 활용되고 있다. 다만 최근엔 접점과 후방의 경계가 모호해지거나 통합되는 경우가 있어 접점과 후방을 명확히 분리하기 어렵기도 하다. 또한 접점에 셀프서비스 기술(SST: Self Service Technology)이 도입됨에 따라 후방과 지원부서의 역할이 더 중요해지고 있다.

서비스청사진은 "서비스시스템을 정확하게 묘사해서 그 서비스를 제공하는 데 관계되는 서로 다른 사람들이 그들의 역할 및 관점에 상관없이 그 서비스를 이해하고 객관적으로 처리할 수 있도록 해주는 그림이나 지도"라고 할 수 있다.

서비스청사진은 기업이 고객에게 서비스를 전달하는 방법을 하이라이팅하여 전체적인 서비스를 묘사하는 것이며, 고객과 직원 사이의 상호작용과 서비스의 가시적 측면을 보여준다. 서비스청사진은 또한 서비스의 모든 부분을 프로세스로 나누어 볼 수 있다. 이는 특정한 주문에 대응하여 일을 수행해야 하는 일련의 업무도 보여주며, 고객이 서비스가 어떻게 수행되는지를 볼 수 있게 해준다.

서비스청사진은 서비스(실수)에서의 갭이 어디에 존재하는지 알려주며 고객의 불만족을 야기하는 문제를 해결해 줄 수 있는 조치를 취할 수 있게 한다.

이 기법은 서비스 프로세스를 청사진을 통하여 서비스 관리자가 서비스를 최종적으로 실행하기 전에 미리 작성함으로써 서비스를 검증하고 정의내리기 위한 방법이다. 특히 실수 가능점(fail point, F)을 파악하여 서비스에 대한 고객만족 향상을 위한 기회를 제공하기 위해 사용된다.

포카요케(일본어 'yokeru'에서 파생, '방지하다'란 의미가 있다. Poka는 '의도하지 않는 실수'를 의미함)는 다음 단계가 시행되기 전에 실시되어야 할 과정 속에 설치된 간단한 단계이다. 곧 발생할 실수를 신호해주는 장비 또는 절차를 의미한다. 서비스 청사진 및 포카요케는 서비스 오류를 예방하고 정확한 서비스를 제공하는데 사용된다(김수욱, 2007)

서비스청사진 분석을 통해 고객의 대기점(Bottleneck)을 파악하고 해결하는데 초점을 둔 것에서 확장하여 고객 및 직원의 서비스 실패점(Fail point)를 파악하고 서비스 실패가 발생하지 않도록 예방하는 활동 및 설계에 초점을 두고 있다. 고객 서비스 실수 예방을 위한 장치, 도구 개발이 궁극적으로는 새로운 서비스를 만들어 내게 된다.

임동희(2015)는 [그림 3-7]과 같이 조선왕릉 정보전달 체계의 개선에 대한 연구에서 서비스청사진을 활용해 개선요소 및 대안을 도출하였다. 가시선 영역에서는 설명 제공, 규제 제공, 가이드 제공을, 비가시 영역에서는 정보제공 내용 및 방법 예시를 도출하여 방문객들의 즐겁고 유익한 관람을 제안하고 있다.

[그림 3-7] **조선왕릉 정보전달 체계 개선**

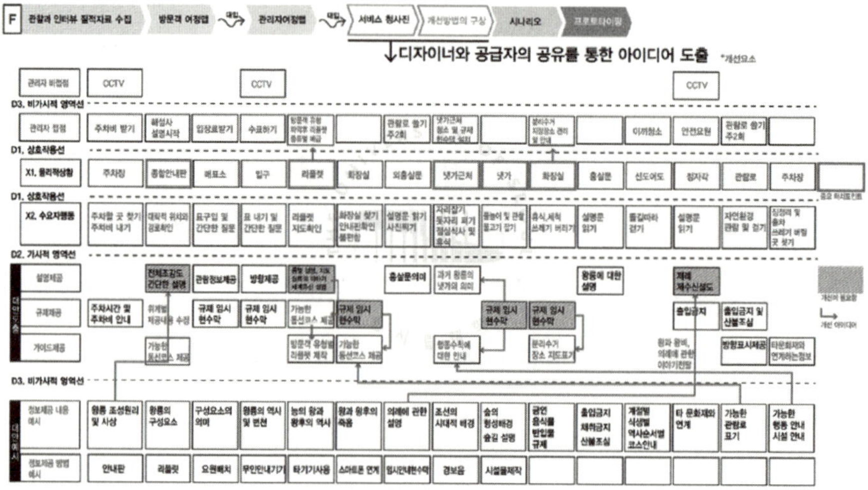

출처: 임동희(2015), 서비스 디자인 프로세스를 통한 조선왕릉 정보전달 체계 개선에 관한 연구, 서울시립대 공공 디자인학 석사학위논문

서비스기업들은 고객 실수예방 장치인 포카요케(Poka-yoke)를 개발하여 고객의 부정 경험을 감소시키는 활동을 실행하고 있다. 포카요케란 의도하지 않은 실수의 예방을 의미하며, 이를 위해 실수의 발생을 신호해주는 장비 또는 절차를 고안하는 것이다. 예를 들어 병원 수술 장비를 담는 쟁반상의 요철, 놀이기구의 키 막대 높이, 고객이 ATM에서 카드를 빼내지 않았을 때 울리는 신호음 등이 있다.

택시에서 고객이 안전하게 내리도록 후방 거울을 설치해 둔 것이나 자동차 정비를 위해 추후 방문할 일자를 문자로 안내하는 서비스 등이 포카요케를 활용한 신서비스 개발 및 서비스 혁신에 해당된다.

[그림 3-8]과 같이 승객이 택시에서 내리기 전에 후방 거울을 살펴보며 오토바이가 오는지 확인하고 지나가는 사람과 부딪히지 않고 안전하

[그림 3-8] **포카요케를 활용한 신서비스 개발**

게 하차를 할 수 있다. 또한 자동차 정비 일자를 기억하지 못하는 고객에게 문자로 예약 일정을 안내하기도 하고 차량 앞면이나 옆면 창에 정비 예약 일자 스티커를 붙여둠으로써 고객이 차량정비 서비스를 이용할 수 있도록 한다.

프로토타이핑 단계에서는 최적의 아이디어를 선정하여 다양한 재료를 활용하여 시제품을 개발하거나, 디지털 목업(Digital Mockup), 역할극(Role Play) 등 다양한 방법으로 프로토타입을 제작한다. 마지막으로 제작한 프로토타입에 대해 발표하고 테스트 과정을 거치며 개선한다(황윤자 외, 2021).

환자에게 진료순서 안내시 볼펜만 이용하면 고객이 혼란스러워하고 내용을 이해하기 어려운 부분이 있다. [그림 3-9]와 같이 직원들과의 브레인스토밍을 통해 문방구에서 쉽게 구할 수 있는 이중펜(볼펜과 형광펜) 사용을 권장하는 것이다. 펜으로 숫자나 번호를 기록하고 형광펜으로 밑줄을 긋거나 동그라미를 그리면 고객이 쉽고 빠르게 안내도를 이해할 수 있게 된다.

[그림 3-9] 핵심 아이디어 도출

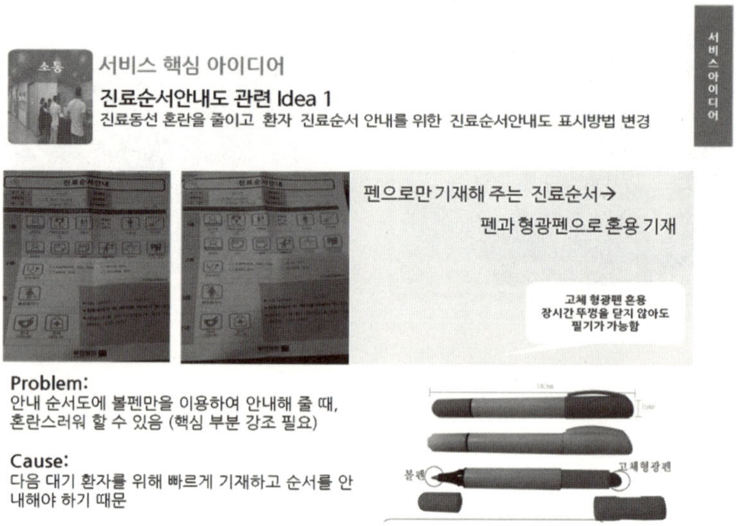

유통 매장을 이용하는 고객들은 본인이 원하는지 않는 프로세스에서 대기가 길어지는 것을 불편하고 지루해 한다. S프리미엄 푸드마켓은 주차 대기와 계산대 대기에 따른 마음케어로 나누어 프로토타입(Prototype)을 [그림 3-10]과 작성하였다. 고객이 서비스를 이용하면서 느끼는 구체적인 문제점이나 개선사항을 파악하고 프로토타입과 시나리오를 만들어 반복적으로 보완 활동을 시행한다.

[그림 3 – 10] S프리미엄 푸드마켓의 프로토타입과 시나리오

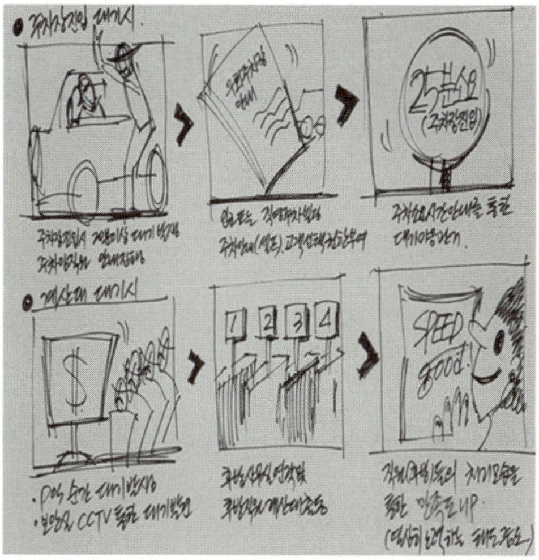

주차장 진입 대기 발생시

- 주차장 진입 대기 시 20분 이상 대기 발생시 주차장 근무 일직원 안내진행, 50미터 전방 SSC 주차빌딩 안내 (입차는 고객직접, 출자는 발렛 진행
- 20분 대기 후 발렛 또는 50미터 주차빌딩 입차 선택 권한 고객부여, 고객이 선택 주도권, 대기로 인한 불만 완화
- 10분 소요, 20분 소요, 30분 소요 등의 안내 피켓 제작 후 주차 대기 시 안내 강화

계산대 대기 발생시

- POS계산시 순간 대기 발생 → 보안실 CCTV를 통한 대기발견 → 후방사무실 연락 → 후방직원 계산대 출동 → 직원들의 일사 분란한 처리로 고객만족도 UP (열심히 처리하려는 태도) 실제 현장에서 프로토타입을 실습하여 고객반응 우수

프로토타입 Ⅰ: 주차대기 상황에 따른 단계별 대응 프로세스

주차장 진입 후 20분 이상 대기 발생시 주차장 근무 직원이 고객에게 양해 안내를 한다. 빠른 주차를 위한 인근 전용 주차장 안내와 함께 대기 고객의 마음관리를 위해 예상 대기시간을 안내한다. 인근 전용 주차장은 50m 거리에 위치해 주차 후 고객이 마켓까지 도보로 걸어야 하는 번거로움이 있으나 빠른 주차의 장점이 있어 적극 홍보가 필요하다. 주차 대기 고객의 마음관리를 위해서는 10분 이상 주차대기 시 이동식 안내판과 전단을 통해 안내를 강화하는 프로세스이다. 고객에게 충분한 안내와 이해를 통해 진정성을 전달하는 것이 중요한 포인트이다.

프로토타입 Ⅱ: 계산 지연에 따른 대응 프로세스

계산대의 계산대기 관리는 순간대기 발생 시 보안실의 CCTV를 통해 상황을 인식한 후 후방의 Back Office에 연락을 진행하면 직원들이 일시에 하던 일을 멈추고 계산대를 지원하는 것이다. 후방의 직원들이 계산대의 대기 현상을 방관하지 않고 적극적으로 지원함으로써 고객의 입장에서는 해결하는 모습을 통해 고객불만 완화를 기대한다.

3.6

전달(Deliver) 도구

1. 서비스 디자인 실행 3가지 유형

서비스 디자인 활성화를 위해서는 공급을 표준화하는 전략에서 벗어나 공급의 다양화(맞춤형 서비스상품), 수요의 다양화(컨설팅 서비스), 수요

[그림 3-11] 서비스 디자인 유형

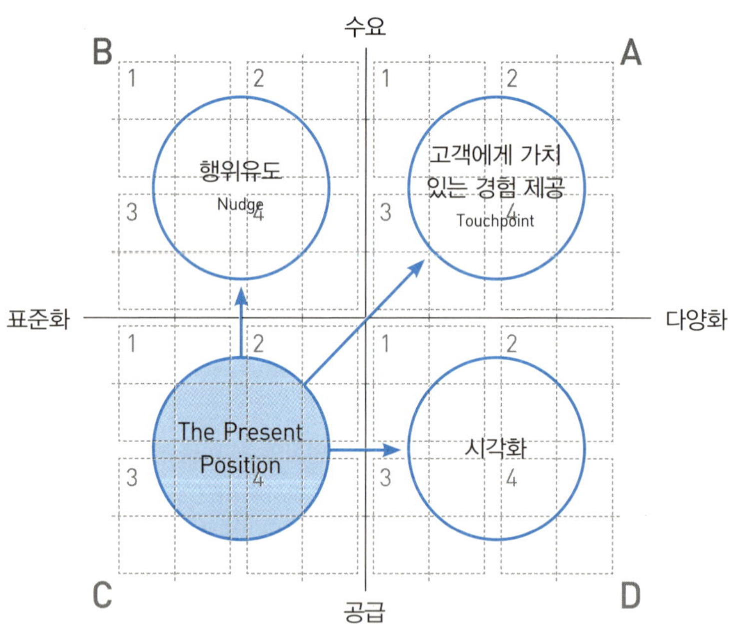

출처: 김계임(2013), 국내 중소기업 비즈니스를 위한 서비스 디자인 전략, 한국산업기술대학교 산업기술·경영대학원

의 표준화 (고객관리 서비스) 하는 전략으로의 확장이 필요하다. 서비스 디자인의 실행 유형을 분석해 보면 [그림 3-11]에서 보듯이 행위유도, 가치경험, 시각화 3가지로 구분할 수 있다.

행위유도 디자인은 고객의 입장과 상황, 욕구를 고려하여 그에 따른 디자인 전략을 적용시키는 것이다. 고객이 서비스를 이용하면서 어떤 행동을 선택할지에 대한 기준점을 제시해 준다. 물론 선택은 고객의 몫이지만 선택하는 사람이 많아지면 자연스럽게 행동의 변화를 가져올 수 있다.

예를 들어 지하철의 피아노 계단을 이용함으로써 에스컬레이터에 붐비는 인원을 분산시킬 수 있으며 고객 개개인의 건강을 챙길 수 있게 된다. 계단마다 칼로리 소모량을 써놓음으로써 사람들을 조금 더 걷게 만들고 있는 것이다. 한편, 어느 순간부터 음식점을 가면 손님을 맞이하는 직

[그림 3-12] 분리수거 유도 쓰레기통

원은 없고 점포 입구에 대기 작성표만 있는 경우가 많다. 고객이 직접 이름, 인원수를 작성함으로써 직원을 문 앞에 대기시킬 필요가 없어지고 인원수를 보고 바로 좌석 배치 및 안내에 바로 활용할 수 있다.

강남역에 가면 [그림 3-12]처럼 스타벅스 커피컵 모양의 쓰레기통이 비치되어 있다. 이는 깨끗한 거리를 만들기 위해 쓰레기를 버리는 즐거움을 선사한다. 또한 분리수거 표시를 해 놓음으로써 제대로 분리해서 잘 버릴 수 있도록 설계되어 있다.

이러한 행위유도 디자인이 병원에도 적극 활용되고 있다. 병원에 가면 언제나 대기시간에 대한 불만이 가득하다. 그 대기시간에 대한 효과적인 관리가 고객의 체감만족을 높일 뿐 아니라 진료의 질이 개선시킬 수 있다.

[그림 3-13]에서 보듯이 환자가 병원에서 기다리는 동안 의사와 면담할 내용이나 답변을 미리 생각해 놓음으로써 원활한 진료가 가능하게 된다. 보통 아픈 증상에 대한 빈도나 아프게 된 계기를 잘 기억하기 어렵기 때문에 생각할 시간을 갖고 고객 스스로 답변을 정리하면 적합한 처방을 받을 수 있다.

서비스기업이 고객에게 새로운 가치를 제공하게 되면 고객은 이를 눈

[그림 3-13] 면담 준비 질문지

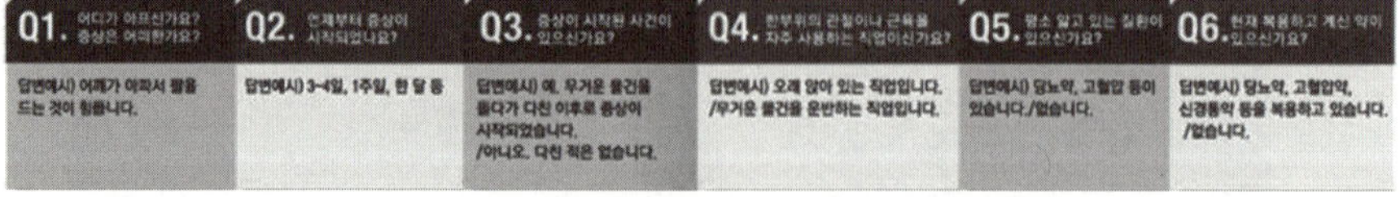

여겨보게 되고, 주변 사람들에게 자신의 경험을 말하게 된다. 이때 고객이 중요하게 생각하는 경험의 터치 포인트(Touch Point)를 발굴하여 디자인한다면 고객의 불편함이 해소될 뿐만 아니라 서비스에 대한 충성도도 당연히 높아지게 될 것이다.

가치 경험의 대표적인 사례는 은행의 디자인 혁신에서 찾아볼 수 있다. 독일의 도이치 은행(Deutsche Bank)은 우량은행으로 유명했지만, 학생들과 비직장인들을 대상으로 한 실적이 좋지 않았다. 이에 문제점을 찾아내서 새로운 서비스를 만들기 위한 노력을 시도하였다. 먼저 학생과 비직장인에 대한 인터뷰를 하고 고객여정지도를 그려보았고, 은행에 대한 불만을 도출할 수 있었다. 즉 학생 또는 비직장인이 필요로 하는 서비스가 은행이 제공하고 있는 서비스와는 다른 것이 있었다. 또한 은행이 추구하는 소통하는 채널과 방식이 고객의 요구와 다른 것을 알아내었다. 은행 업무를 보는 창구는 보이지 않게 되었고, 고객의 취향에 맞도록 다양한 분위기로 꾸며진 상담실이나 모던한 카페로 탈바꿈하였다. 부모들이 은행 일을 보는 동안, 은행 측이 고용한 보모가 아이들을 돌봐주는 어린이 코너도 마련되었다. 그리고 제품이 바뀌는 트렌드 샵이 있어 쇼핑 장소가 되기도 하고, 다양한 메뉴를 선보이는 카페테리아는 약속 장소로도 활용되고 있다. 금융 상품을 고객들에게 좀 더 친근한 이미지를 줄 수 있도록 깜찍한 양철 박스에 넣어져 진열되어 있다.

마지막으로 시각화는 공급자가 다양한 수요자를 생각하면서 서비스의 무형적 측면을 유형화시킴으로써 수요자들의 정보 인식과 이해를 돕는 것이다. 시각적인 정보를 제공하는 것은 고객이 서비스 프로세스를 사전에 확인하고 기대치를 조절하며 상호작용을 하는 것이다. 시각화 사례는 우리가 흔히 접하는 아파트 관리비 고지서, 약국 처방전, 백화점 안내도 등이 있으며, [그림 3-14]에서 보는 것처럼 환자를 위로해 주는 컬러 담요와 고객이 알아보기 편리한 컬러 명찰이 있다.

[그림 3-14] **시각화 사례**

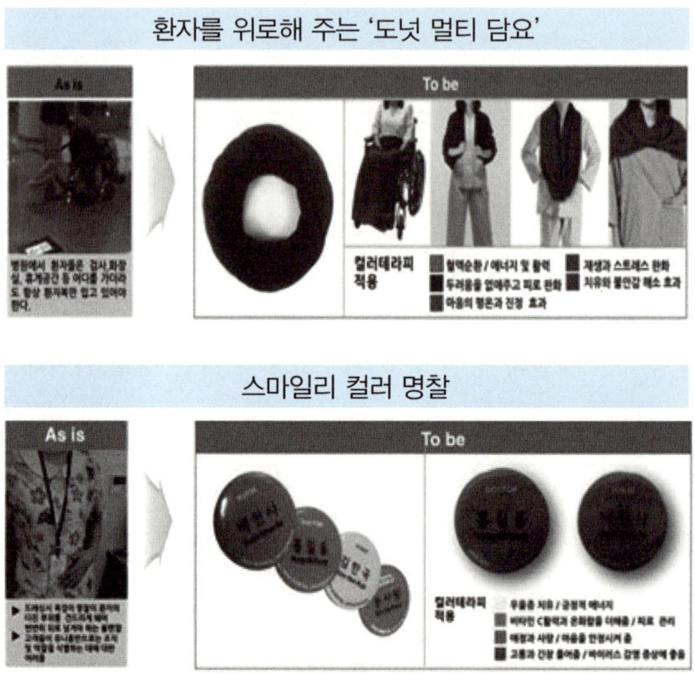

함께 토론하기

1. 행위유도 설계 우수 및 실패사례를 찾아 공유한다.

2. 가치경험 제공 우수 및 실패 사례를 찾아 공유한다.

3. 시각화 우수 및 실패 사례를 찾아 공유한다.

2. 고객 피드백, 평가 반영

마지막 전달(Deliver) 단계에서는 제작된 결과물을 테스트하고 실행 가능성을 평가한다. 서비스 운영자들을 위한 가이드 라인을 마련하여 일관된 서비스 원칙에 따라 실행될 수 있도록 전달해야 한다.

대표적인 방법론으로는 공동 창작(Co-Creation), 서비스 청사진(Service Blueprint), 시나리오(Scenarios), 프로토타입(Prototype), 사용성 테스트(Usability test) 등이 있다. 결정된 서비스 실행방법을 고객이 알아보기 편하고 이해하기 쉽게 시각화 및 구체화하여 표준화한다. 표준화 진행 프로세스를 상세히 기록하고 체계화시켜 서비스 조직 전체가 공유하는 것이 중요하다. 또한 내부 및 외부 고객 피드백을 통해 디자인 도구 개발의 완성도를 높일 수 있다.

[그림 3-15] **사용성 테스트**

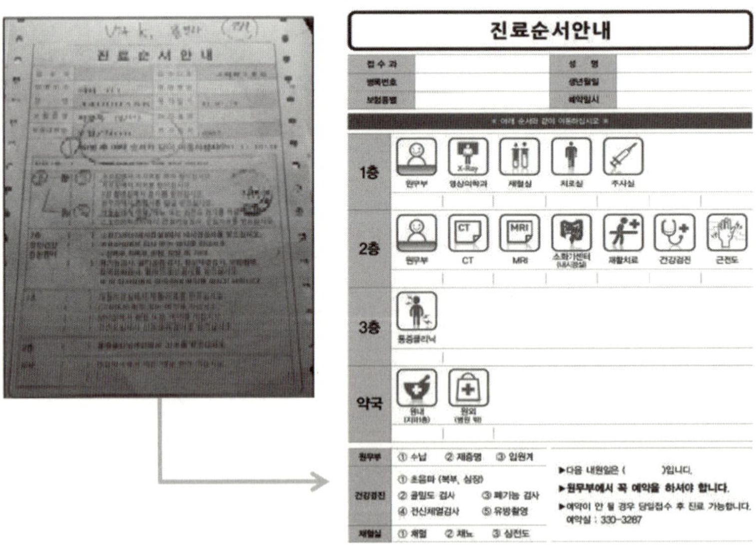

[그림 3-15]에서 보듯이 알아보기 어려운 병원 진료순서 안내문이 픽토그램을 활용해 시각화, 구체화함으로써 가독성 있는 문서로 바뀔 수 있는 것이다.

서비스 디자인 프로세스는 최적의 결과가 도출될 때까지 발견, 정의, 개발, 전달 과정을 끊임없이 반복한다. 또한, 서비스 디자인 프로세스는 비분리적인 특징을 보인다. 서비스 디자인은 4단계의 과정으로 나누어져 있는 것처럼 보이지만, 각 프로세스는 하나의 유기체로 작용하여 끊임없이 상호작용을 하는 것이다.

서비스는 동시성이라는 특성 때문에 고객들은 서비스 프로세스에 참여하여 그들만의 방식으로 다양한 역할을 한다. 이유재 교수는(2010)는 고객의 역할을 임시직원, 인적자원, 능력의 원천, 혁신자(Innovator)로 분류하고 있는데, 신서비스개발 관점에서는 고객의 능력과 노하우와 선도이용자(lead-user) 형태의 적극적 참여가 중요하다. 우선 고객의 능력과 노하우를 활용하는 것은 고객들 스스로 적극적인 상호작용을 통해 즐거운 경험과 가치를 창출한다는 것이다. 이러한 고객들의 참여는 효과적이고 효율적인 서비스 프로세스를 설계할 수 있도록 한다.

가장 중점을 두어야 할 것은 혁신자로서 역할이다. 고객이 새로운 상품과 서비스개발의 전면에 나서고 있는 것이다. 고객이 먼저 서비스의 문제점을 찾아내고 좋은 아이디어를 제안함으로써 서비스기업의 신서비스 개발이 원활히 이루어지며 시장 내 다른 고객들에게도 큰 혜택을 주고 있다.

고객이 참여하게 되는 신서비스 개발의 성공률은 고객이 참여하지 않은 경우보다 훨씬 높다는 관련 연구를 통해 알 수 있다. 고객 참여는 혁신속도 및 기술적 품질(Technical Quality)에 직접적인 영향을 미치고 혁신속도 및 기술품질을 통해 경쟁우위 및 판매성과에 간접적인 영향을 미친다. 고객참여가 실제 시장성과(경쟁우위 및 판매 실적)에 직접 영향을 미치기보다 운영성과(혁신속도 및 기술품질)에 긍정적인 영향을 주는 것으로 나타났다(Storey, C., & Hughes, M).

고객참여를 통해 신서비스 개발 기업의 운영적 측면에 다음과 같은 영향을 주고 있다. 첫째, 고객 니즈와 요구를 반영함으로써 서비스와 시스템 품질을 높일 수 있다. 둘째, 고객이 원하지 않는 서비스에 대한 부분을 사전에 확인하고 개발단계부터 반영할 수 있으므로 예산 낭비를 줄일 수 있다. 셋째, 신서비스 사용에 대한 관심을 불러일으키며 기술적 수용도를 높이거나 신서비스에 대한 이해도를 높일 수 있다.

함께 토론하기

1. 서비스 디자인에서 고객 참여가 중요한 이유를 이야기한다.

2. 고객의 의견, 아이디어, 제언 등을 수집하는데 효과적인 방법을 찾아본다.

3. 고객이 제공하는 아이디어와 직원의 의견이 다를 때는 어떻게 해결하는 것이 좋을까?

3. 서비스 디자인 도입 방안

이렇게 고객의 경험증진을 위해 효과적인 서비스 디자인을 학교, 기업, 병원, 공공기관이 도입하고 적극 활용하기 위해서는 체계적인 접근이 필요하다. 기업 내·외부 환경과 자원, 핵심역량 등이 차이가 있겠지만 공통적으로 적용할 만한 방향을 제안하고자 한다. 영국의 디자인 웨일즈는 서비스 디자인의 도입을 위해 다음과 같이 6가지 방안을 제시하였다.

첫째, 서비스 비전 및 전략을 개발
둘째, 고객에 대한 집중
셋째, 새로운 서비스 디자인
넷째, 내부의 프로세스를 개발
다섯째, 향상된 경험을 창출
여섯째, 브랜드 창출 및 유지

첫째, 서비스 비전 및 전략을 개발하는 것은 서비스기업이 제공하는 가치가 직원들 개개인에게 내재화되어 고객에게 긍정의 경험으로 전달되는 것을 의미한다. 실제로 서비스기업의 적합한 서비스 비전과 전략을 보유하지 않은 경우가 많기 때문에 디자인 방법론을 활용하여 고객의 기대를 분석하고 그 기대에 부합할 만한 서비스 전략을 도출해 내기도 한다. 가장 놓치기 쉽지만 서비스 경영 체계 수립을 위해 반드시 선행되어야 할 목표이다.

둘째, 고객에 대한 집중은 경영진, 이해관계자, 그리고 외부 고객이 원하는 핵심 사항을 찾아내고, 고객에 대한 새로운 인식을 함으로써 이를 활용할 방법을 개발하는 것이다.

어느 순간부터인가 편의점에서 도시락 판매를 함으로써 점심에 이용하는 빈도가 높아졌고 매출을 크게 향상되었다. 불황기에 직장인들은 점심 한 끼의 비용에 대한 고민을 한다. 편의점들은 고객이 식사비를 줄일 수 있고 시간도 절감할 수 있는 방법을 찾는다는 것을 알아챈 것이다. 고객에 대한 끊임없는 탐구와 연구는 새로운 서비스를 창출하며, 이러한 신서비스는 기업 매출 증진과 고객 충성도 확보에 기여하게 된다.

셋째, 새로운 서비스 디자인을 실행으로써 고객이 원하는 경험 가치를 제공하는 것이다. 새로운 서비스를 혁신하기 위해서 내부 팀, 고객이 함께 작업을 한다. 작업을 통해 아이디어를 도출하고 모형을 만들어 새로운 서비스를 구체화, 시각화하는 것이다.

삼성전자 디지털프라자가 '체험' 중심의 고객 응대 시스템을 도입했다. 매장에 오직 고객체험만을 돕는 전담 인력을 배치하고 직원들이 방문객을 첫 응대하는 인사말까지 '체험' 중심으로 만든 것이다. 스마트폰 매장 내에 '체험 매니저'를 배치하여 고객이 매장에서 자유롭게 제품을 만져 보고 부가 기능을 배울 수 있도록 돕는다. 사용법 안내는 필수이고, 액세서리 제안 및 구매를 유도한다. TV와 스마트폰을 연결하는 스마트뷰 기능을 활용한다. 매장 방문 고객 모두가 최신폰 주요 기능을 배울 수 있도록 했다. 디지털프라자는 휴대폰을 사고파는 공간이 아니라 휴대폰에 대해 배우고 사용법을 공유하는 공간으로 변화할 것이다.

넷째, 고객 지향적인 내부의 프로세스를 개발하는 것이다. 서비스 프로세스상에서 고객이 가장 중시하는 경험이 무엇인지 찾아내야 한다. 긍정 경험의 강화와 부정 경험의 제거를 통해 고객이 각각이 프로세스별로 느낄 수 있는 체험을 최대한 세분화해서 분류해야 한다.

서비스 프로토타이핑을 통해 먼저 실시(Pre-test)해 봄으로써 발생할 수 있는 리스크를 관리할 수 있다. 고객의 선호를 미리 파악해 봄으로써 순조로운 서비스 도입이 가능하게 된다. 운영자 중심의 프로세스를 고객 중심의 프로세스로 혁신하기까지는 많은 시간과 비용이 투자된다. 특히 접점직원이 고객에게 최적화된 서비스를 제공하기 위해서는 조직구조의 변화와 개발이 선행되어야 한다.

다섯째, 보다 향상된 경험을 만들어 내는 것이다. 조직의 모든 접점에 걸쳐 고객의 경험을 측정해하고 사업 전체에 걸쳐 적용이 가능한 서비스 가치와 원칙을 개발해야 한다. 고객을 응대하는 직원들이 고객이 갖게 될 경험을 고려하고 디자인하며, 고객 경험을 향상시킬 수 있도록 접점과 후방직원의 협력이 선행되어야 한다. 이때, 고객에게 초점을 맞추면서 서비스를 제공하게 되는 접점과 후방직원들의 경험도 고려해야 한다. 고객에게는 편리하지만 직원들이 지속적으로 서비스를 제공하기 불편하거나 어려운 사항은 찾아내어 서비스에 대한 조정 및 수정이 병행이 이뤄져야 한다. 또한 고객이 피드백을 제공하고 참여할 수 있는 기회를 설계해야 한다. 고객이 체험한 서비스에 대한 피드백이 반영되어야 완성도 높은 서비스 설계를 구현할 수 있는 것이다.

마지막 여섯째, 브랜드 창출하며 유지하는 것은 고객 경험을 융합한 서비스 브랜드를 개발하고 서비스 직원들을 통해 브랜드를 새로운 서비스와 고객 경험에 반영하는 것이다.

따라서, 서비스 디자인은 고객의 긍정 경험을 창출할 수 있는 고객 중심의 설계가 가장 중요하며, 서비스 디자인을 제공할 수 있는 서비스 조직원들의 경험 또한 고려 대상이 된다. 직원들도 서비스를 제공하기 편리하고 즐겁게 설계되어야 한다는 것이다. 서비스 디자인은 서비스 혁신에 가장 유용한 도구로, 이를 위한 다각적인 노력은 결국 지속적 서비스 개선 및 혁신에 이르게 할 것이다.

맥도날드 테이크아웃(Take-out) 종이 쇼핑백 개발

맥도날드가 광고 에이전시 DDB Budapest와 손을 잡고 공원, 자동차, 경기장 등 어떤 공간에서도 편리하게 사용할 수 있는 '테이크아웃 종이 쇼핑백'을 개발했다. 야외에서 햄버거를 먹을 경우, 고객은 흘리지 않고 안전하게 먹을 장소를 찾고, 특히 콜라와 같은 것은 이동하면서 넘칠까봐 걱정하게 된다. 이러한 고객의 불편한 마음이 해소될 수 있도록, 맥도날드는 제품을 담아주는 플라스틱 쟁반처럼 평평하고 안정감 있는 백 트레이(BAG TRAY)를 도입하였다. 고객이 느낄 수 있는 작은 고민이나 아쉬운 경험을 맥도날드는 혁신적인 디자인으로 승화시킨 것이다.

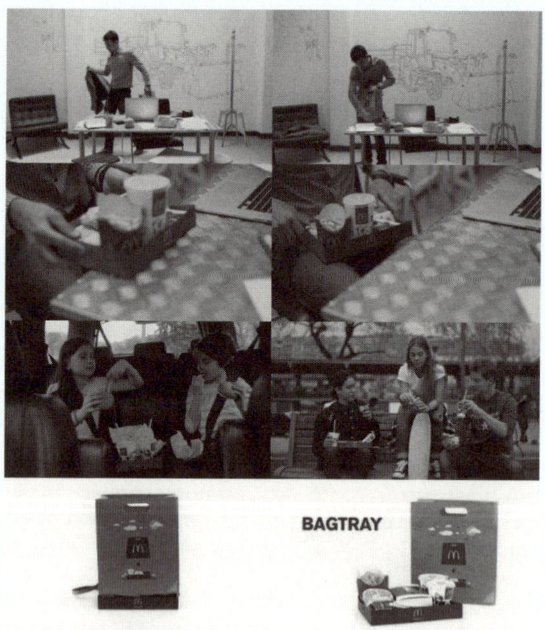

Advertiser: McDonald's Corporation
Brand name: McDonald's
Agency: DDB Budapest
Country: Hungary

참고문헌

김계수, 이돈희, 최정훈 옮김(2022), 이것이 서비스디자인 행동이다, 도서출판 청람.

김수욱 외(2007), 서비스운영관리, 한경사.

김연성, 6VOC로 분석한 롯데홈쇼핑의 고객중심 스토리, 서비스경영학회지, 12(4), 95-112.

김찬숙, 나건 (2013), 서비스디자인 방법론으로서의 Co-creation 을 위한 오픈 이노베이션 플랫폼 활용 방안, 디지털디자인학연구, 13(1), 333-342.

네이버사전, 위키백과 사전.

리팅이, 스신위, 황즈옌, 황칭웨이(2014), 스탠퍼드 대학의 디자인 씽킹 강의노트, 인서트.

서비스경영연구회 역(2006), 지속가능시대의 서비스경영, 한국맥그로우힐.

서창적,이슬기(2017), VOC를 통한 롯데월드의 가치창조: 말콤 볼드리지 모델을 기반으로, 서비스경영학회지, 161-182.

윤성원(2014), 의료서비스 수요자 중심 혁신전략, 서비스 디자인.

이상식, 이형목, 권민진(2012), 성공적인 고객경험 관리를 위한 서비스경영 실사. 대한경영학회지, 25(1), 529-543.

이성혜(2019), 조직의 혁신성과에 영향을 미치는 서비스디자인 경영요인에 관한 연구, 숭실대학교 경영학 박사학위 논문.

이유재(2010), 서비스마케팅, 학현사.

이혜정(2020), 고객경험의 서비스스케이프에서 서비스디자인의 진단 및 평가, 서강대학교 경영전문대학원 글로벌서비스경영학과 박사학위 논문.

이혜정, 서창적(2018), 서비스디자인 방법론을 적용한 프리미엄 유통 서비스 개선 사례연구: 국내 S 푸드마켓을 중심으로, 한국서비스경영학회지, 제19권 4호, 202-220.

임동희(2015), 서비스 디자인 프로세스를 통한 조선왕릉 정보전달 체계 개선에 관한 연구, 서울시립대 공공 디자인학 석사학위논문.

정승환, 이돈희, 이상식(2022), 프로세스 관점의 서비스품질경영, 한경사.

정연호(2022). 고객 중심 전략은 어떻게?...창업 첫날처럼. IT동아(2022.1.13.).

한국디자인진흥원(2010), 서비스 디자인 동향과 정책방향, 10~19.

한수련(2010), 엔진 서비스 디자인 워크샵 참가 결과 보고서.

황윤자, 정효정(2021), 디지털 헬스케어 분야 디자인씽킹 기반 교과형 캡스톤 디자인 적용 방안 탐색, 실천공학교육논문지, 13(2), 261-270.

Design Wales, Design for service, 2008.

http://www.designcouncil.org.uk/servicedesign

http://www.servicedesign.or.kr/

http://www.servicedesigntoolkit.org/

http://www.servicedesigntools.org/

Pine and Gilmore(1998), Experience Economy, Boston, MA: Havard Business School Press.

Storey, C., & Hughes, M(2013), The relative impact of culture, strategic orientation and capability on new service development performance, European Journal of Marketing, 47(5/6), 833-856.

워터루 대학에서 4년차 엔지니어링 프로젝트(캡스톤 디자인 수업)를 밟지 않고 엔지니어링 과정을 밟는다는 것은 상상할 수 없는 일이다. 4개월의 짧은 시간이었지만, 작업을 통하여 물건을 만드는 경험을 하지 못하였더라면 지금 하고 있는 일을 못 하였을 것이다.

– Eric Migicovsky

최근 취업 대신 자신의 관심사에 따라 직접 창업하는 대학생들이 늘고 있다. 2022년 교육부에서 발표한 대학산학협력활동실태조사에 따르면 2015년 861개였던 대학생 창업 기업은 2016년 1,191개, 2019년 1,624개, 2020년 1,805개로 2배 이상 증가하였다. 대학생 창업이 증가하는 이유는 한 회사에서 같은 일을 반복하기보다는 직접 부딪치고 다양한 경험을 할 수 있는 창업에 대학생들이 매력을 느끼기 때문이다.

페블의 창업자 Eric Migicovsky는 워터루 대학 재학 시절 캡스톤 수업 중 페블 스마트 워치의 아이디어를 기술화하여 창업에 성공하였다. 대학생 시절부터 다양한 아이디어를 생성하고 현실에 적용하는 연습이 진행된다면, 성공적인 창업이 가능하게 될 것이다.

Chapter 04

캡스톤 디자인 유형별 사례분석

CAPSTONE DESIGN

4.1

창업형

1. Athos 'wearable technology'

워터루대학교(온타리오, 캐나다) 공대에 재학 중이던 Jayalath와 Wiebe는 평소 헬스장에서 운동할 때 제대로 운동하기를 원했지만 쉬운 일이 아니었다. 가령, 역기를 들어 올릴 때 올바른 근육을 사용하는지 늘 궁금했지만 알 수 있는 방법은 없었다. 공대생이었던 그들은 캡스톤 디자인 수업에 참여하여, 하드웨어 기술을 통하여 이 데이터를 수집할 수 있는 방법을 모색하였다. 이후 약 1년 동안 근육 그룹, 심박수, 호흡 등을 추적하는 센서와 함께

[그림 4-1] **athos wearable technology 착용 모습**

출처: waterloo university engineering news(2013)

EMG 기술을 활용하는 웨어러블 압축 의류의 프로토타입을 개발하는데 보냈다. 이들의 Athos 초기 버전인 근육 활성화 감지 슈트를 개발하여 온타리오 엔지니어링 대회에서 '최고 혁신상'을 수상하였다.

2012년 학교를 졸업한 Jayalath와 Wiebe는 웨어러블 압축 의류에 비접착성 센서를 사용하는 '코어' 방법을 구축했다. 코어는 Athos의 소프트웨어 앱에 무선으로 동기화되어 모든 정보를 수집하고 사용자가 운동을 추적하고 제대로 운동을 하고 있는지 이해할 수 있는 방법을 제공하고 있다.

2. Pebble Technology 'pebble smart watch'

페블 스마트워치는 워터루 대학교에 재학 중이었던 Eric Migicovsky가 2012년 캡스톤 디자인 수업을 통해서 개발한 것을 2013년 출시한 제품이다. 해당 워치는 클라우드 펀딩인 킥스타터(kickstarter.com)를 통하여 자금을 조달하였는데, 킥스타터 역사상 최단기간, 최대금(1,000만 달러, 한화 113억원 이상)의 모금액을 달성하여 화제가 되기도 하였다.

페블은 7개의 제품 라인을 보유하고 있는데, 페블 클래식은 페블에서 출시된 가장 초기의 모델이다. 이후 출시된 페블 스털(pebble steel)과 페

[그림 4-2] **페블 스마트워치(왼쪽부터 페블 클래식, 페블 스틸, 페블 타임)**

출처: 구글 나무위키

블 타임(pebble time)은 기능에 더해 디자인에도 공을 들여 많은 페블 팬들을 양성시키는 성공적 모델이 되었다. 특히 2015년 출시된 페블 타임은 클라우드 펀딩 2,000만 달러(한화 약 227억원)를 유치하며 페블의 위세를 실감하게 하였다. 페블은 2016년 핏비트(fitbit)에 인수합병되었는데 그때까지 차세대 스마트 워치로서 각광을 받았다. 하지만 이후 여러 기업들과의 경쟁, 소비자들의 소비 패턴 변화 등으로 성장 동력을 상실하게 되었다.

하지만 동력을 상실하였다고 하여 기업의 가치가 없어지는 것은 아니다. 특히 캡스톤 디자인 수업을 통하여 시제품이 개발되고, 이를 토대로 창업이 이루어진 사례로서 페블 기업의 신화는 괄목할 만하다.

3. Brigham Young University 'Open Wheelchair'

미국 브리검영대학교 공학 학부생들은 2015년 학교 수업을 통하여 척추근육위축증을 위한 초경량 휠체어를 설계 및 개발하였다. 이들은

[그림 4-3] **Open Wheelchair Foundation**

출처: https://www.openwheelchair.org/

전 세계적으로 7,000만 명이 휠체어를 필요로 하고 있으나 이중에서 실질적으로 4만5,000명이나 휠체어를 사용하지 못하고 있다는 현실에 주목하였고, 척추근육위축증 환자를 위한 휠체어 재단을 설립하여 기금을 모금하였다. 이후 6명의 학부생들은 2018년 손으로 구동되는 휠체어 부속장치를 개발하여 먼 거리를 적은 힘으로 이동가능하도록 하는데 성공하였으며, 휠체어가 필요한 사람들에게 지급되도록 각국 프로그램과 협력하였다.

워터루 대학교와 브리검영 대학교의 시제품 제작 사례만 본다면 캡스톤 디자인 수업에 임하는 비공학계열 학생들은 매우 부담스럽거나 어렵게 느껴질 수 있다. 하지만 이는 캡스톤 디자인 수업의 역사가 공과 대학 계열에서 시작되었기 때문에 가능한 사례이며, 인문사회계열 학생들은 전공에 맞는 다양한 시제품을 제작할 수 있을 것이다. 따라서 본서에서는 인문사회계열 학생들이 참여할 수 있을 만한 사례를 중심으로 소개하고자 한다.

[창업형] 여행기업 창업 사례

4. 여행기업 Safe Travel One-Stop Service

가톨릭 대학교 경영학과 캡스톤 디자인 수업에서 진행된 사례로, 학생들은 ‘safe travel’이라는 툴을 통하여 세계 여러 나라의 문화 정보와 위험정보를 제공하고, 여행자보험이나 상담과 같은 서비스들을 제공하는 어플리케이션을 론칭하였다.

세부적으로는 1) 여행과 관련한 여행자 보험 비교정보, 2)테러 및 내전이 발생한 국가에 대한 여행 위험등급 정보, 3) 각 나라마다 유의해야 할 문화 소개 및 대사관, 경찰, 소방서, 병원, 24시 약국 등의 긴급연락처 정보, 4) 여행안전과 여행팁에 대한 여행자 간 의견 교류 내용을 담고 있다.

5. 여행정보회사 오라(Ora)

가톨릭 대학교 영어영문학과 학생들의 캡스톤 디자인 수업으로 진행된 사례로, 궁극적으로 창업을 목표로 시행된 프로젝트이다. 최근 한국문화와 여행에 대한 관심이 증가하면서 한국을 찾는 외국인 관광객이 늘어나고 있지만 자유 여행객을 위한 정보는 매우 부족한 실정이다. 이에 학생들은 한국 여행 및 문화와 관련된 정보를 제공하는 오라(Ora) 여행정보 회사를 설립하고 회사에 대한 홍보를 진행하고자 하였다. 이를 통해 외국인 관광객을 유치하고 새로운 형태의 여행상품을 제공하고자 하였다.

[그림 4-4] **여행정보회사 오라(Ora)**

출처: 가톨릭대학교

함께 토론하기

1. 창업을 준비할 때 가장 막연하게 느껴지는 것은 무엇인가? 이러한 막연함을 해소할 수 있는 방법은 무엇일까?

2. 여행기업 창업시 가져야 할 가장 중요한 경쟁력은 무엇이라고 생각하는가?

3. 자신이 여행기업을 창업한다면 어떠한 회사를 설립할 것인가?

6. 교내 중고거래 어플리케이션 CUKET 창업 사례

가톨릭대학교 경영학과 캡스톤 디자인 수업에서 창업으로 발전된 사례이다. 학생들은 중고시장이 성장하고 있음에도 불구하고 캠퍼스 내에서는 중고거래가 활성화되지 않고 있다는 점을 문제점으로 제시하고, 이에 캠퍼스 내 학생들에게 특화된 어플리케이션을 통하여 간단한 거래 및 정기적 오프라인 행사 진행을 기획하였다.

우선 캠퍼스라는 시장에 적합하도록 캠퍼스 내 자주 거래되는 물품을 품목화 하였고, 학생 인증을 통하여 거래를 진행하도록 하여 신원을 확실히 보장하였다. 또한 오프라인 중고시장을 열어 거래를 활성화하고, 브랜드 제휴를 통하여 학생들이 자체 제작한 물건도 판매할 수 있도록 하였다.

이러한 플랫폼 창업을 통하여 공유경제를 실현하고, 수익 일부를 기부하는 방식으로 사회에 공헌할 수 있는 매우 바람직한 창업 사례라고 볼 수 있다.

창업을 고려할 때 도움이 되는 SITE

- 재단법인서울산업진흥원 스타트업플러스
  https://www.startup-plus.kr/
- 한국산업기술진흥협회 기업공감원스톱서비스
  SOS 1379 https://www.sos1379.go.kr/
- 대한상공회의소 기업지원 포털
  http://allthatbiz.korcham.net
- 서울시 창업스쿨
  http://school.seoul.kr
- 소상공인포털
  http://sg.sbiz.or.kr
- 창업보육센터 네트워크
  http://bi.go.kr
- 창업넷
  https://www.k-startup.go.kr
- 한국언론진흥재단 뉴스 빅카인즈
  https://www.kinds.or.kr
- 네이버데이터랩
  https://datalab.naver.com

함께 토론하기

1. 교내 학생들을 대상으로 한 창업의 장점과 단점은 무엇일까?

2. 교내 학생들을 대상으로 진행되었으면 좋겠다고 생각했던 창업 아이디어가 있는가?

3. 교내 학생들을 대상으로 한 창업에서 고객(학생)에게 줄 수 있는 가장 좋은 혜택은 무엇인가?

4.2 시제품 제작형

교재, 교구 제작 사례

1. 영어 콘텐츠 제작

가톨릭 관동 대학교 영어영문학과 캡스톤 디자인 수업 사례로 제작된 콘텐츠 사례이다. 학생들은 전공지식과 창의성을 융합하여 각종 영어 콘텐츠를 시제품화하였다. 광의의 시각에서 시제품은 포스터, 책자, 모형 등 다양한 자료들을 포함한다. 학생들은 영어와 영미문화를 융합하여 효과적으로 홈스쿨링을 할 수 있는 영미문화 홈스쿨링 가이드와 영미문화를 접목하여 재미있는 활동을 할 수 있는 영어 보조 교재를 제작하였다.

[그림 4-5] **영어영문학과 영어콘텐츠 시제품**

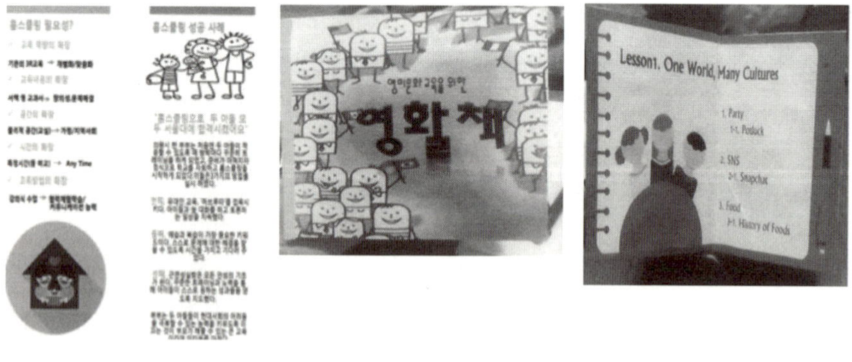

출처: 김지은, 2019

2. 특수교육용 화폐기능향상 교구 제작

인제대학교 특수교육과 학생들의 캡스톤 디자인 사례이다. 특수교육 대상에게 화폐의 개념은 자립적 사회생활을 위해 꼭 필요한 기본능력이지만, 이들은 재미있는 교육을 받을 기회가 많지 않다. 학생들은 이러한 문제점을 분석하여 이론과 놀이를 공존시켜 학습 효율성을 높이기 위한 화폐 기능향상 교구 '오늘은 내가 산타'를 제작하였다. 교구를 활용하면 큰 단위의 화폐를 작은 단위로 환산하는 교육을 시키는데 매우 효과적이다. 4가지 사물이 그려진 막대 모양 카드와 사물의 가격이 명시된 그림카드, 화폐 지급기 등으로 구성되어 있다.

[그림 4-6] 특수교육용 화폐기능향상 교구 사례

〈진행과정〉

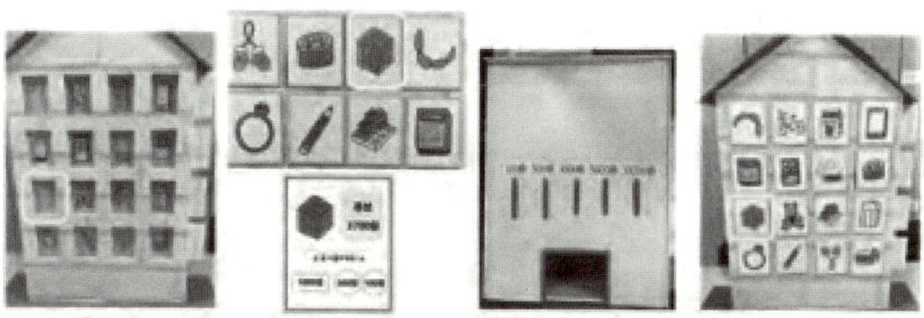

1) 빌라에서 그림 선택하기

2) 선택한 그림과 같은 카드 찾기

3) 그림카드에 적힌 금액 지불하기

4) 획득한 그림카드 빌라에 붙이기

출처: 인제대학교

3. 영유아 손씻기 교육을 위한 교구 제작 사례

식품영양학과 학생들의 캡스톤 디자인 사례로, 학생들은 자신들의 전공지식을 살려 아이디어를 융합하여 영유아를 위한 특별한 교구를 제작하였다. 최근 각종 전염병이 유행하며 올바른 손씻기 교육이 어느 때보다도 중요해졌다. 따라서 학생들은 지역사회 공공기관과 협력하여 손씻기 교육자료를 개발하여 지역사회 보건향상에 보탬이 되고자 하였다. '뽀득이'라는 귀여운 캐릭터를 개발하여 3가지 교구가 유기적으로 연결되도록 하였다. 동화책을 통하여 손을 씻는 올바른 방법을 안내하고, 손씻기 순서 안내판을 통하여 손 씻는 방법과 순서를 학습한다. 마지막으로 손바닥 장갑과 돋보기를 통하여 세균이 없어지는 과정을 보여줄 수 있다. 이 교구는 2019년 동대문구 어린이급식관리 지원센터의 교육프로그램으로 시행된 바 있다.

[그림 4-7] **손씻기 교구 제작 사례**

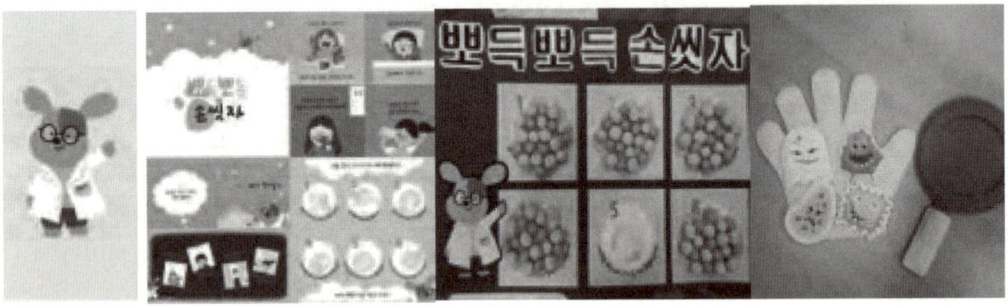

출처: 경희대학교

4. 손소독 놀이제품 제작

계명대학교 화학공학과 학생들의 캡스톤 디자인 수업 사례이다. 학생들은 아이들이 좋아하는 액체 괴물에 손소독 기능을 추가하면 놀이와 보건 두 마리의 토끼를 모두 잡을 수 있을 것이라는 아이디어를 냈다. 이후 배합 및 원재료 변경을 통한 제작을 통하여 무해제품 개발에 성공하였으며, 상표 출원과 함께 창업으로까지 이어진 사례이다.

[그림 4-8] **출시된 메디클라임**

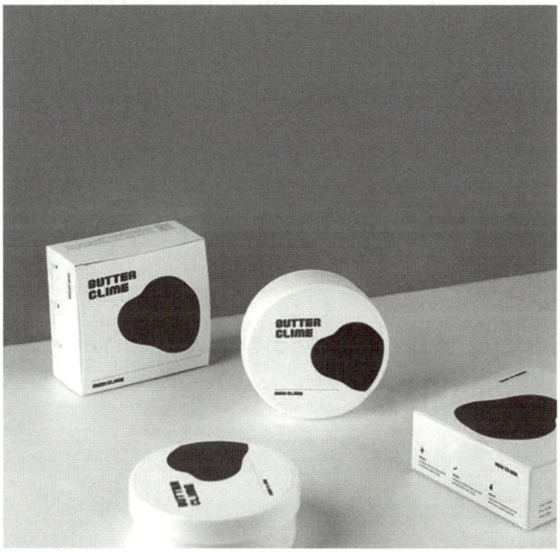

출처: 머니투데이

함께 토론하기

1. 교재, 교구 등 학습용 시제품을 만들 때 가장 중요한 점과 주의해야 할 점은 무엇일까?

2. 어린이 및 성인을 위한 교재, 교구 아이디어를 제시해 보자.

3. 교구 제작 후 이를 통한 창업, 사업화를 위하여 필요한 것은 무엇일까?

외국인을 위한 콘텐츠 제작 사례

5. 외국인 학생을 위한 생활정보 앱 제작 사례

국민대학교 행정학과 캡스톤 디자인 수업 사례로 개발된 어플리케이션이다. 학생들은 교내 유학생들을 위한 유용한 생활 정보를 제공하고자 어플리케이션 개발에 뜻을 모았다. 이에 따라 유학생들이 가장 공통적으로 느끼고 있는 어려움을 파악하고 문제를 해결하기 위하여 카테고리를 분류하여 유학생들을 대상 설문 조사를 실시하였고, 데이터를 바탕으로

[그림 4-9] 외국인 생활정보 어플리케이션

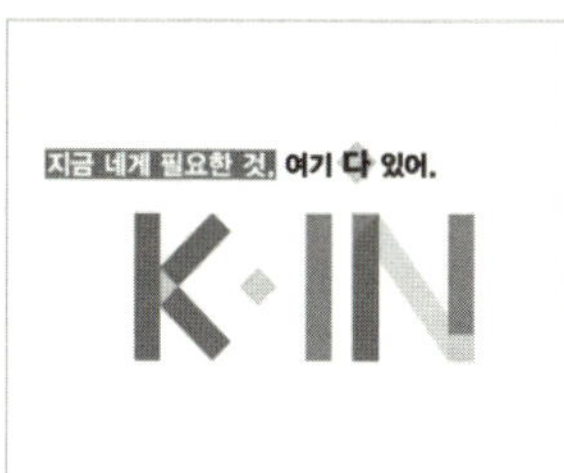

❶ 제작하고자 하는 시제품 앱의 로고 디자인

❷ 제작하고자 하는 시제품 앱의 UI/UX 디자인

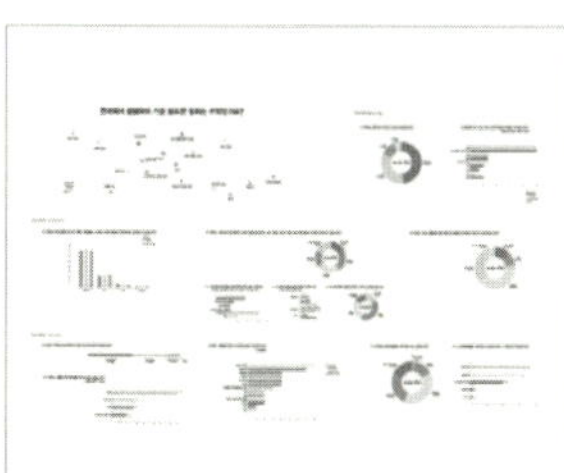

❸ 외국인 학생들의 니즈가 무엇인지 정확하게 파악하고자 설문조사를 진행하였습니다.

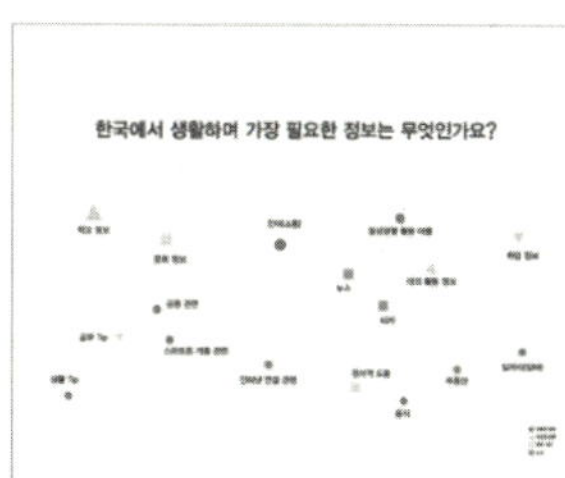

❹ 설문조사 진행한 결과를 다이어그램으로 정리하고 카테고리를 나누어 유학생에게 필요한 정보 목록을 정리하였습니다.

출처: 국민대학교

필요한 정보를 구체화하였다. 단과대학 및 동아리연합회에 어플의 존재를 홍보하여 유학생들에게 접근성을 높였으며, 이후 학교 외국인 학생 오리엔테이션 진행시 어플 활용을 적극 제안하였다.

6. 외국인 학생을 위한 가이드북 제작 사례

가톨릭대학교 내 비즈니스 관련 수업에서 진행된 캡스톤 디자인 수업에서는 외국인 유학생들을 위한 가이드북이 제작되었다. 가톨릭대학교 캡스톤 디자인 수업 참여자들은 교내 외국인 학생들은 점차 증가하지만, 언어와 정보의 부족으로 많은 학생들이 어려움을 겪고 있다는 문제점을 발견하였다. 이에 외국인 학생들을 인터뷰하고 설문 조사를 진행해 스터디그룹, 동아리, 학교 주변의 맛집, 축제 등을 주제로 한 가이드북을 제작하였다.

[그림 4-10] **외국인 학생들을 위한 가이드북**

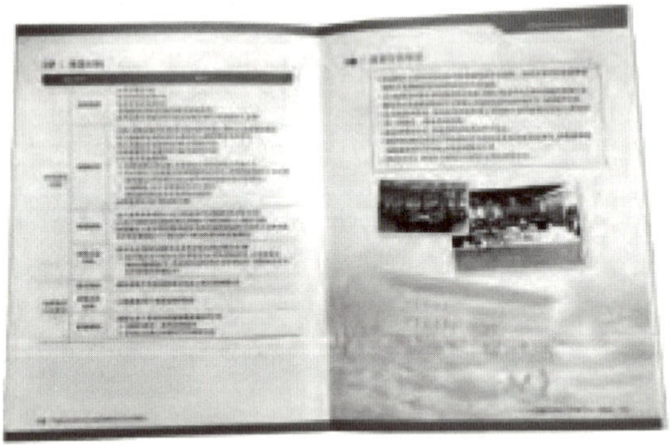

출처: 가톨릭대학교

함께 토론하기

1. 국내 외국인 학생들이 증가하고 있다. 이들이 가장 필요로 하는 정보는 무엇일까?

2. 우리 학교 재학 중인 외국인 학생들의 가장 큰 불편사항은 무엇일까? 이를 해결할 시제품을 만든다면 어떠한 시제품을 만들겠는가?

3. 우리 학교 외국인 학생 외에 우리가 정보를 제공해야 할 대상이 있을까?

7. 내 임자와 함께하는 커피 한잔 앱 개발

한국외식산업학회 캡스톤 디자인 경진대회에 숭의여대 학생들이 출품한 캡스톤 디자인 사례이다. 학생들은 코로나19로 인하여 고통받고 있는 소상공인들에게 힘이 되어 주고, 언택트 환경에 맞는 어플리케이션을 개발하고자 하였다. 설문조사를 통하여 최근 사람들은 한적한 카페를 선호한다는 사실을 발견하였고, 학생들은 '내 임자와 함께하는 커피 한잔' 앱을 개발하여 여러 가지 서비스를 제공하고자 하였다. 첫째, 각 카페의 혼

[그림 4-11] 임자 어플

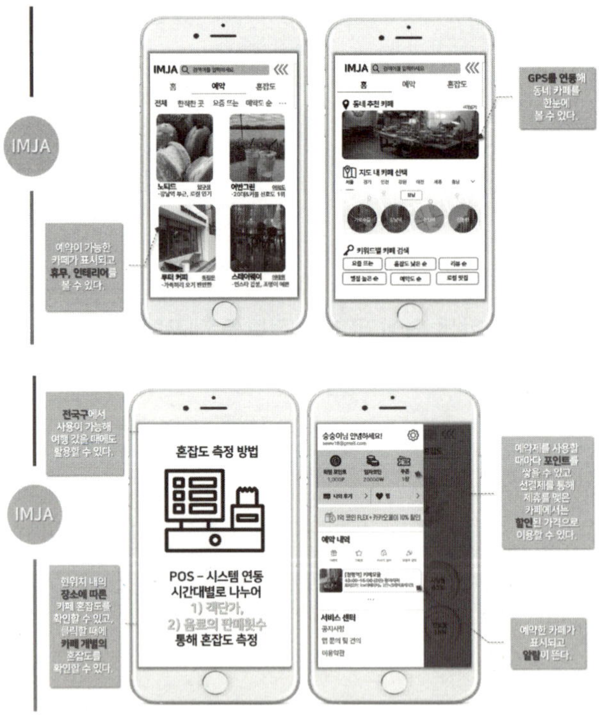

출처: 한국외식산업학회, 2019

잡도를 표시하여 고객이 몰리는 것을 분산하여 카페에 활기와 경제적 이익을 돌려주고 고객에게 는 여유롭고 조용한 서비스를 제공할 수 있도록 하였다. 둘째, 좌석을 예약제로 전환하여 음료와 함께 선결제를 진행하여 노쇼를 방지하는 시스템을 제안하였다.

사례 | 주방을 공유한 플랫폼 비즈니스 사례_음식을 공유하는 기술 '공유주방'

최근 외식업계를 들썩이게 만들고 있는 것이 바로 '공유주방'이다.

2018년에 우버 공동창업자인 트래비스 캘러닉이 한국의 빌딩을 매입해 전체를 주방으로 만들고 이곳에 수십여 개의 식당을 입점시켜 음식배달 서비스를 하겠다는 이른바 '공유주방' 사업을 공식적으로 발표했다.

실제로 그는 미국에서 '클라우드 키친(Cloud Kitchens)'이라는 이름의 공유주방 서비스를 크게 성공시켰고 현재는 글로벌 서비스로 확장해가고 있는 상황이다.

앞으로 공유주방은 한국에서도 큰 비즈니스 모델로 성장할 것이라는 게 전문가들의 공통된 시각이다.

또한 공유주방은 폐업률이 높은 외식업계의 문제를 해결할 하나의 대안으로 주목받고 있다.

2016년 외식업 폐업률은 23.8%로 산업 전체 평균 폐업률 13.2%와 비교해보면 약 2배나 높다.

외식업의 폐업률이 이렇게 높은 이유는 외식업 사업자들의 역량 부족이 가장 큰 원인이겠지만, 인건비와 재료비 상승, 과당경쟁, 높은 임대료와 불경기 등 다른 원인들도 한몫하고 있다.

과연 공유주방은 전문가들의 바람대로 외식업계의 문제를 해결할 수 있을까? 물론 공유주방의 비즈니스 모델 자체만으로는 외식업계의 문제를 해결할 수는 없다.

강력한 플랫폼의 파워가 더해져야만 외식업계도 살고 공유주방 업체들도 살 수 있을 것이다.

공유주방은 외식업 예비 창업자들에게는 새 아이템이 될 수 있으며, 기존 외식업 창업주들에게는 신규 고객을 창출해 매출을 늘릴 수 있는 새로운 마케팅 전략이 될 수 있다.

그러나 밝은 미래가 곧 펼쳐질 것만 같은 공유주방 사업도 국내에서는 짚고 넘어가야할 장벽이 하나 있다.

바로 '식품위생법'이다. 국내 식품위생법 37조 4항에 보면 음식점은 하나의 공간에 단 하나의 사업자만을 인정하고 있다.

따라서 하나의 공간에 여러 사업자를 두고 영업하는 방식의 공유주방은 현재 국내에서 불법일 수밖에 없다.

현재 운영되고 있는 국내 공유주방 업체들은 엄밀히 따져보면 편법으로 식당을 운영하고 있는 것이라 해도 과언이 아니다.

미국도 처음에는 공유주방이 불법이었으나 정부가 규제를 완화해 공유주방을 합법화한 바 있다.

앞으로 국내에서도 미국의 사례를 기반으로 신속하게 규제를 풀어 다양한 공유주방 창업기업들이 탄생할 수 있는 환경을 마련해야 한다.

현재 공유주방은 크게 두 가지 형태로 발전하고 있다.

첫 번째는 공유주방에 배달전문 식당을 입주시키는 '주방공유' 방식이고, 두 번째는 기존 식당에 배달음식 조리 공간을 설치하는 '가상식당' 방식이다.

'주방공유' 모델

첫 번째 '주방공유' 공유주방 모델은 미국의 키친타운과 키친 유나이티드가 대표적인 사례라 할 수 있다.

실리콘밸리에 위치한 키친타운은 약 563평 규모의 공유주방을 외식업 창업자들에게 제공하고 있다.

입주한 창업자들은 시간대별로 주방 공간과 요리 도구를 공유해 사용하고 이용 시간과 사용한 시설 종류에 따라 임대료를 지불한다.

또한 창업자들은 저렴한 비용으로 자신이 개발한 요리 상품을 실험하고, 키친타운 요리 전문가들의 다양한 지도와 교육을 받을 수 있다.

현재 키친타운은 입주한 창업자들이 매장이나 공장을 설립할 때 투자도 하는

데 지금까지 420여 개 업체에 600억원 이상을 투자한 바 있다.

키친 유나이티드는 키친타운과 달리 음식을 만들어 바로 판매할 수 있는 상업용 주방을 공유하는 것이 특징이다.

국내 배달의 민족이 출시한 '배민 치킨', 우버의 '클라우드 키친'이 이와 동일한 공유주방이라 할 수 있다.

키친 유나이티드는 사업성을 인정받아 구글벤처스로부터 약 11억원의 투자를 받았으며, 현재 키친타운처럼 주방 공간과 도구를 임대해줄 뿐만 아니라 강력한 플랫폼의 지원으로 배달 및 마케팅 서비스까지 제공하고 있다.

'가상식당' 모델

두 번째 '가상식당' 공유주방 모델은 미국의 우버이츠와 영국의 딜리버루가 대표적인 사례이다.

우버이츠의 가상식당은 기존 식당의 유휴 자원을 활용해 새로운 메뉴나 식당을 추가하는 개념이다.

일례로 우버이츠가 특정 지역의 음식 검색 데이터를 분석해보니 이 지역 주민들이 '포케'를 자주 검색하는데 인근 지역에 하와이 식당이 없다는 것을 발견하고 해당 지역의 한 식당에 포케를 만들 것을 제안해 포케 음식 배달을 시작한 사례를 들 수 있다.

이 식당은 한 달 동안 매출이 1.5배나 상승했고, 우버이츠는 메뉴를 독점적으로 관리해 경쟁력 있는 서비스를 진행하고 있다.

현재 우버이츠는 전 세계에 1,600개의 가상식당을 운영하고 있다.

또한 딜리버루는 세계 유명 식당과 협력해 이동식 부엌 '루박스'를 만들어 유명해졌다. 현재 전 세계 30여 개 도시에서 200여 개 루박스를 운영하고 있다.

그중 하나가 이탈리아 밀라노의 유명한 피자가게 '리에비타'가 런던에 오픈한 루박스로 피자 배달 주문이 쇄도해 큰 인기를 끌었고 이런 인기에 상응해 리에비타는 2018년에 정식으로 런던점을 오픈했다.

이렇듯 조리시설을 임차해 다른 지역의 맛집 메뉴를 만들어 제공하는 사례는 계속 탄생하고 있다.

출처: 이형민, 2022

8. 소기업 홍보영상 제작 사례

계명대학교 전자무역학과 학생들의 캡스톤 디자인 사례이다. 이들이 부여받은 과제는 무인 편의점에 대한 홍보영상 제작으로, 학생들은 준비를 거쳐 SNS 플랫폼 활용 및 Youtube 홍보를 진행하였다. 이후 이 영상은 점포 내 자판기에 도입되기도 하였다.

4.3

지역사회 기여형

1. 소방구역 주정차 방지 시스템

충남대학교 전자공학과 학생들의 지역사회 기여 프로젝트로 실시된 캡스톤 디자인 과제의 사례이다. 최근 우리나라에서는 불법 주정차로 인하여 소방차 운용이 지연되면서 각종 사고에 적절히 대응하지 못하는 경우가 많았다. 또한 전국 소방용수 시설 관리가 부재하다는 사실도 알게 되었다. 학생들은 이러한 문제점을 파악하여 소방시설 근방에 주·정차하는 차량에 대하여 위반 감지를 실시하고 시청각 경고를 출력하는 장치를 개발하였다. 센서가 작동하면 불법 주·정차 차량에 1차 버저로 경고를 시행하고, 블루투스 통신을 통하여 불법 주·정차 사실을 고지하는 시스템이다.

[그림 4-12] **회로제작**

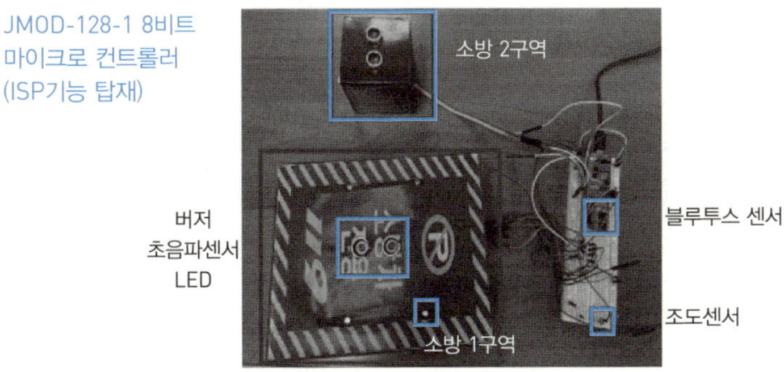

출처: 충남대학교

함께 토론하기

1. 인문사회계열 학생들이 갑자기 이러한 시스템을 구축할 수는 없을 것이다. 하지만 상상은 현실을 만든다. 우리 지역사회에 도움을 줄 수 있는 시스템을 생각해보자.

2. 소방구역 주정차 방지 시스템과 관련하여 우리가 만들 수 있는 표식이 있을지 토의해 보자.

2. 지역사회 장애인 가게와 상생하는 '다님길' 사례

충남대학교 경제학과, 소비자학과 등 여러 과의 학생들이 융합하여 만들어낸 사례이다. 우리나라는 전체 인구의 고용률이 60%인 반면 장애 인구의 고용률은 30%대로 매우 낮은 편이다. 학생들은 이러한 문제점을 발견하여 장애인들이 고용되어 일하는 가게에 더 많은 사람이 관심을 가져주길 희망하는 마음으로 프로젝트를 시행하였다. 착한 소비를 원하는 사람들을 위하여 장애인들이 근무하는 가게가 어디인지 알려주는 착한소비 지도를 제작하여 시민들이 일상에서 쉽게 방문할 수 있도록 하였다. 학생들은 이러한 프로젝트를 통하여 많은 사람들이 장애인 근로활동에 더 큰 관심을 가지고 장애인 가게에 경제적, 사회적 안정이 찾아오기를 기대하였다.

[그림 4-13] **학생들이 만든 착한소비 지도**

출처: 충남대학교

함께 토론하기

1. 장애인을 위해 필요한 콘텐츠를 생각해 본 적이 있는가? 어떤 콘텐츠가 도움이 될 것인가?

2. 또 다른 지도가 필요하다면 어떤 지도를 만들겠는가?

3. 글마실 프로젝트 사례

철학과, 소비자학과 등 인문사회계열 학생들이 함께 진행한 캡스톤 디자인 사례이다. 우리나라는 급격하게 고령화 사회로 진입하고 있고, 이에 따라 독거노인이 증가하고 있다. 수명이 길어지며 치매환자와 요양시설 입원환자가 증가하여 사회적 돌봄이 필요한 수요가 증가하고 있다. 또한 독거노인들의 우울증이 심각한 상황이며, OECD 국가 중 노인 자살률 1위를 기록하고 있다. 학생들은 이러한 사회현상에 도움을 주기 위하여 프로젝트를 기획하였다. 학생들은 노인들과 글을 통하여 소통할 수 있는 어르신 전용 신문 '글마실'을 발행하기로 하였다. 신문은 어르신들의 소식을 알아보고, 복지서비스 정보를 제공하며, 요리 등 유용한 생활정보를 제공하였다. 신문은 복지관 및 경로당 등 노인들이 쉽게 접근할 수 있는 곳 혹은 우편함에 배치되어 전달되었다.

[그림 4-14] **노인신문 '글마실'**

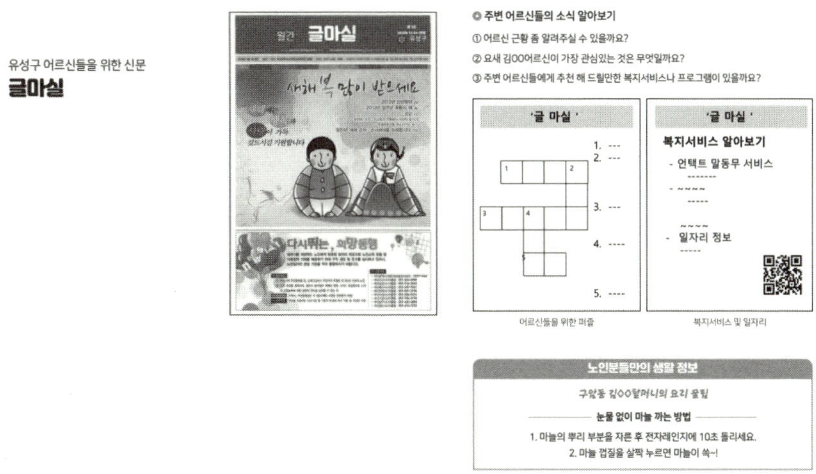

출처: 충남대학교

함께 토론하기

1. 시니어 산업에서 가장 혁신적이라고 생각되는 기업이 있는가?

2. 지역사회에 소외된 시니어 계층이 증가하고 있다. 노인을 위한 공익적 콘텐츠 아이디어를 제시해 보라.

사례 | **액티브 시니어 세대에게 필요한 것들**

최근 우리나라가 빠른 속도로 초고령사회에 진입하기 시작하면서 시니어 계층을 대상으로 한 산업에 대한 관심도 증가하고 있다. 예년의 시니어와는 달리 이제 시니어 계층으로 편입되는 노인들은 대부분 지식층이며, 가처분 소득도 많아 우리사회에 활발한 소비층으로 급부상하고 있으며, 이러한 시니어들을 '액티브 시니어'라고 지칭하고 있다. 액티브 시니어를 잘 이해한다면, 다양한 창업 및 사업 아이디어가 창출될 수 있을 것이다. 다음은 서울시50플러스포털 사이트에 게재된 액티브 시니어와 관련된 글이다. 이 글을 읽을 후 액티브 시니어에 대한 다양한 고찰을 진행해 보자.

일반적으로 65세 이상의 노인인구 비중이 20%를 넘어서면 초고령사회라고 부른다. 일본은 이미 2005년 초고령사회로 진입했다. 일본은 지난해 80세 이상 인구가 총 1,002만 명으로 1,000만 명을 돌파했다. 65세 이상 고령 인구는 총 3,384만 명으로 전체 인구 1억 2,683만 명의 26.7%인 것으로 나타났다. 인구는 줄고 노인 복지 비용은 천문학적으로 늘고 있는 가운데, 늘어난 수명만큼 연장된 삶을 효과적으로 즐길 수 있는지에 대한 관심이 높아지고 있다. 일본에서 흔히 쓰고 있는 '액티브 시니어'의 뜻과 함께 이들 세대가 갖춰야 하는 요소, 그리고 필요 항목들을 살펴보자.

1. 액티브 시니어란?

먼저 일반 사단법인 일본액티브시니어협회(www.nihon-asa.org)의 정의에 따르면, 액티브 시니어란 65~75세의 사람들을 가리킨다. 정년퇴직 후 시간적, 경제적 여유가 있으며, 노인으로 취급하기에는 좀 이른 세대를 말한다.주위를 둘러보면 젊은 사람 못지않게 활동적이고 의욕 넘치는 사람들이 많이 있다.

이에 해당하는 사람들 중에는 우리의 베이비부머 세대와 비슷한 1946~1949년에 베이비붐으로 태어난 이른바 '단카이 세대(団塊世代)'가 큰 비중을 차지한다. 액티브 시니어는 대체로 단카이 세대의 특징을 가리키는 경우가 많다.

그 특징은 평생 현역을 지향하며, 활기차고 일과 취미에도 의욕적이고 자기 나름대로의 가치관과 라이브 스타일 등을 갖고 소비 의욕도 높다.

지난해 일본 전체에서 취업 상태로 등록된 노인은 681만 명으로 11년 연속 증가한 것으로 나타났는데, 65~69세 남성 가운데 50.5%, 여성 가운데 30.5%가 여전히 일을 하고 있는 것으로 조사됐다.

정년이라는 말이 무색할 정도로 65세 이후에도 여전히 자신의 지식과 경험을 살려 일하는 노인들이 늘고 있다. 생계를 위한 취업이라는 분석도 있지만, 65세 이후에도 의욕적으로 활동하는 세대임을 입증한다고 하겠다.

이 새로운 액티브 시니어 세대는 아마도 '나이 먹음' 혹은 '늙음'의 일반적인 상식을 깨거나 뒤집는 당당한 세대가 될 것이다.

2. 액티브 시니어 세대에게 요구되는 다섯 가지

앞서 밝힌 것처럼 현대사회에서는 액티브 시니어 세대라고 불리는 것이 곧바로 은퇴를 의미하지 않는다. 은퇴라는 이미지는 이미 구시대의 산물로 남아 있을 뿐이다. 그렇다면 앞으로 액티브 시니어 세대에게 요구되는 것들은 무엇일까?

1) 건강한 몸

먼저 몸의 건강, 이것은 두말할 필요 없이 언제까지나 튼튼한 몸이 요구된다. 예를 들면, 일하는 노인이 아니더라도 친구와 가족 등 주위 사람들과 쇼핑을 하거나 여행을 떠나기 위해서는 건강한 몸을 유지하는 것이 필요하다. 나아가 궁극적으로는 다른 사람의 도움을 받지 않고, 자립해 자유로운 생활을 이어나가고 싶다면 65~75세의 10년을 가볍게 여기면 안 된다. 건강한 몸은 자신의 이로 맛있는 음식물을 섭취하고, 자신의 발로 가고 싶은 곳을 찾아 즐기고, 만나고 싶은 사람과 이야기를 나눌 수 있으면서 노후 생활을 자신의 힘으로 꾸려나갈 수 있는 생활력까지 포함한다고 하겠다.

2) 마음의 건강

건강한 몸은 유지하고 있어도 마음이 늙으면 안 된다. 어렵게 손에 넣은 여유 있는 자유로운 시간에 뭐든지 적극적이고 긍정적으로 살아가는 것이 필요하다.

일에 쫓기고 자식들 키우느라 바삐 살아온 끝에 겨우 얻은 자유 시간이므로 여러 분야와 많은 것에 흥미를 갖고 즐겁게 살아가려는 마음가짐이 무엇보다 중요하다.

새로운 것에 대한 관심과 호기심, 그리고 65년 이상 살아온 삶에서 얻은 지혜와 지식이 주는 여유를 맘껏 이용해 젊은 세대보다 몇 배 더 유용하게 즐길 수 있는 자세가 필요하다.

3) 자기 관리·자립

'너무 힘이 넘쳐 버려 곧잘 벽에 부딪힌다' '너무 참다 보니 몸이 안 좋은 날이 많다'와 같은 경우가 발생하지 않도록 자기 관리를 제대로 할 수 있을 정도로 자신의 몸에 대한 이해를 갖는 것도 중요하다. 사실 나이를 먹으면 먹을수록 상처와 병 치료에 시간이 그만큼 더 걸리며, 그 사이 근력도 떨어지고 만다. 또한, 인간의 면역력은 20~30대를 절정기로 저하된다고 하는데, 따라서 몸이 안 좋은 날이 이어지거나 이전에는 느끼지 못했던 육체에 대한 고민도 늘기 마련이다.

자신의 몸에 대해 과신도 맹신도 하지 말고, 수시로 점검하면서 그때그때 적절한 조치로 건강 유지에 각별한 신경을 쓰도록 하자. 젊었을 때처럼 웃어넘길 수 없는 경우도 많으니 현재 자신의 몸을 제대로 파악해 둘 필요가 있다.

4) 센스

앞서 세 가지만 충족해도 충분하겠지만, 여기에 한 가지 더한다면 삶의 마지막 순간까지 멋지게 살아갈 수 있는 센스를 꼽을 수 있다.

사실 이 부분 역시 앞으로 나이가 들어갈수록 더욱 절실해지는 부분이다. '예쁘게 나이를 먹다, 곱게 나이가 들다, 나이에 어울리게 늙었다' 등의 말이 함축하고 있는 의미도 바로 센스의 부분이다.

거창한 멋이 아닌 허리를 쭉 펴고 걸음걸이도 당당한 자세, 요즘 음악방송 1위를 차지한 걸그룹의 이름과 노래로 화제를 이끌어갈 수 있는 감각, 가방 하나와 커피 한 잔에서도 품격 있는 라이프 등등. 이는 몸과 마음이 모두 건강한 상태에서 한발 더 나아가 취미와 스타일에서도 자기만의 고집이 있는 센스가 필요하다는 것이다.

센스는 하루아침에 익힐 수 있는 것이 아니기 때문에 거꾸로 몸과 마음이 적응하고 변하는 재미도 더욱 새로울 수 있으며, 그렇기 때문에 꼭 해 볼 만한 가치가 있다고 하겠다.

5) 풍부한 경험의 공유

끝으로 풍부한 경험에서 얻은 지혜와 지식을 공유하는 것도 좋을 것이다. 가정을 꾸려야 할 나이가 된 자녀가 큰일을 결정해야 할 때 주위의 조언이 필요하기 마련이다. 그때 풍부한 경험에서 얻은 견해는 참으로 대단한 설득력을 갖는다. 회사를 움직이는 것은 한창 일할 나이의 후배들일지 모르지만 역시 선배의 경험에서 얻은 감각이라는 건 돈으로 환산할 수 없는 값진 보물이다.

나이가 들수록 기억에 불안감을 느낄 수도 있지만 머리를 자주 사용하는 게 중요하다. 물론 치매 예방에도 좋지만, 주위와의 소통을 통해 고독한 노후와 외로운 최후를 예방하는 지름길이기도 하다. 풍부한 경험을 갖고서 적극적으로 사회와 교류하는 자세가 어느 세대보다도 절실한 이유가 바로 여기에 있다.

3. 액티브 시니어가 되기 위한 세 항목

1) 몸 만들기를 게을리 말라

나이가 들면 들수록 몸은 따라주지 않고 마음만으로는 이루지 못하는 경우가 많고, 그런 일이 갈수록 더욱 늘어나기 마련이다. 역시 액티브한 자유를 구가하기 위해서 제일 중요한 것은 움직일 수 있는 몸, 즉 건강이다. 그 키워드는 바로 식사와 운동이다.

① 식사 흔히들 인간의 몸은 음식으로 만들어진다고 하는데, 그만큼 식사는 건강한 삶에 절대적으로 필요한 중요 요소이다. 따라서 식사에 신경을 쓰면서 활력이 넘치는 삶을 만끽하자. 몸의 움직임을 돕는 성분은 보통 식사로는 충분한 양을 섭취하기 어렵기 때문에 비타민제 혹은 영양제 등의 건강 보조식품을 통해 섭취해야 한다.

② 운동 식사를 조심하면서 동시에 근육량 유지에 신경을 써야 한다. 근육량은 연령을 더할수록 줄어드는 경향이 있으니 되도록 줄지 않도록 꾸준히 단련할 필요가 있다. 단련이라고 하지만 갑자기 격렬한 운동을 할 필요는 없다. 일본 후

생노동성은 〈액티브 가이드〉라는 것을 만들어 가벼운 체조와 스트레칭을 한다거나 보폭을 넓혀 빠르게 걷기, 계단 사용하기, 평소보다 좀 떨어진 슈퍼마켓에 가기 등 '지금보다 플러스 10분 운동'이 생활 속에 자리 잡도록 권하고 있다. 최종적으로 1일 40분 이상 몸을 움직이는 것이 목표이다. (64세 이하는 60분)

거창한 운동 목표나 과도한 운동은 도리어 몸에 부담을 주기 때문에 평소 생활에서 몸 움직이기에 10분을 더해 꾸준히 단련시켜 주는 게 무엇보다 필요하다. 이미 체력과 근력이 떨어진 경우에는 실내에서 할 수 있는 가벼운 스쿼트나 한쪽 다리 들고 서기 등 운동 요소를 생활 습관 속에 넣어서 적극 활용해도 좋을 것이다.

참고로 공익재단법인 일본정형외과학회는 '언제까지나 자신의 발로 걷기 위해(로코트레)'라는 생활 속 트레이닝 방법을 소개하고 보급하는 데 힘쓰고 있다.

2) 취미를 가져라

사실 액티브 시니어의 정의를 찾아보면 반드시 '취미와 일에 의욕적'이라는 표현이 나온다. 이것이야말로 액티브의 상징이라고 해도 좋겠다. 여행과 산길 걷기 등 외출도 좋고, 노래방과 예술감상 등 실내에서 즐기는 취미라도 관계없다. 물론 봉사활동 등 사회와 소통하는 적극적인 활동도 괜찮다. 꼭 취미를 갖도록 하자.

취미를 가지면 취미를 통해 생기는 교류 등이 뇌를 자극해 뇌의 활성화에도 좋다는 건 이미 밝혀진 사실이다. 따라서 취미로 삶을 더욱 풍부하게 즐기는 노후, 이는 몸과 마음의 건강으로 이어지며, 결국 건강한 삶의 밑거름이 될 것이다.

3) 유행에 민감하자

앞서 말했듯이 유행에 민감한 것은 액티브 시니어의 필수 조건이다. 젊었을 때부터 일본의 소비사회를 이끌어 온 지금의 액티브 시니어 세대는 유행에 민감하다고 여겨지고 있다. 정년 퇴직을 해도 여전히 안테나를 높이 세우고 독자적인 가치관을 가지면서도 유행에도 통하는 그런 자세가 필요하다.

시니어는 새로운 것에 둔감하고 생각도 고리타분하다는 상식을 뒤엎는 것, 이게 바로 지금의 액티브 시니어 세대가 갖춰야 할 요소 중의 하나이다. 머리를 쓰는 동시에 감각을 잃지 않는 것, 현재와 소통하는 의욕을 잃지 않는 것, 그것이 왜 필요한지는 젊은 세대와 소통하는 자리에서 금방 확인할 수 있을 것이며, 그것이 풍부하고 건강한 삶의 또 다른 얼굴임을 실감할 것이다.

4. 40대부터 준비하라

40대 50대라고 안심해서는 안 된다. 이때부터 대책 마련을 시작해야 한다. 너무 이르다고 생각할지 모르겠지만 너무 빠른 것은 아니다. 인간의 근육량은 40세 전후부터 서서히 감소 경향을 보이기 시작한다. 40대부터 영양에 신경쓰고 운동 부족이 되지 않도록 조심하자.

또한 일만 해서 감성을 자극하지 않는 상태도 뇌의 활성화라는 관점에서는 좋지 않다고 한다. 취미를 갖고 유행도 체크하도록 하자. 어렵게 여유있는 시간을 손에 넣어도 머리와 몸이 생각대로 움직여주지 않아 그 시간을 유용하게 사용할 수 없다면 액티브 시니어가 될 수 없다.

건강하고 밝은 미래를 누리기 위해서 일찌감치 대책 마련에 나서고 조금씩 실천에 옮기면서 '액티브 시니어 세대'를 설레며 맞이하자.

글 : 이태문 통신원(gounsege@gmail.com)

출처 : 서울시50플러스포털(https://50plus.or.kr/)

일본의 시니어 관련 단체들

시니어라이프매니지먼트협회
www.seniorlifemng.or.jp

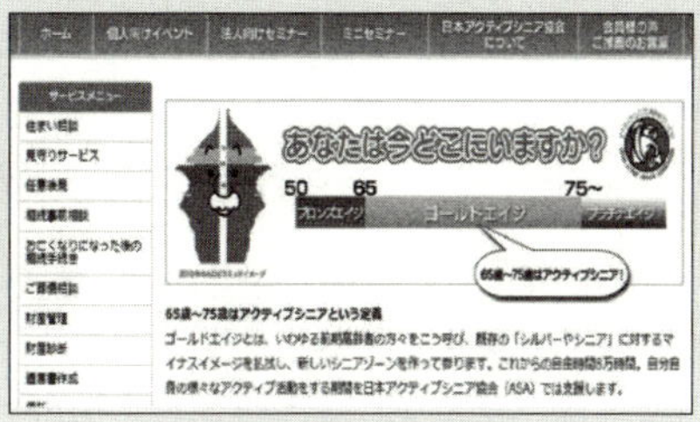

일본액티브시니어협회
www.nihon-asa.org

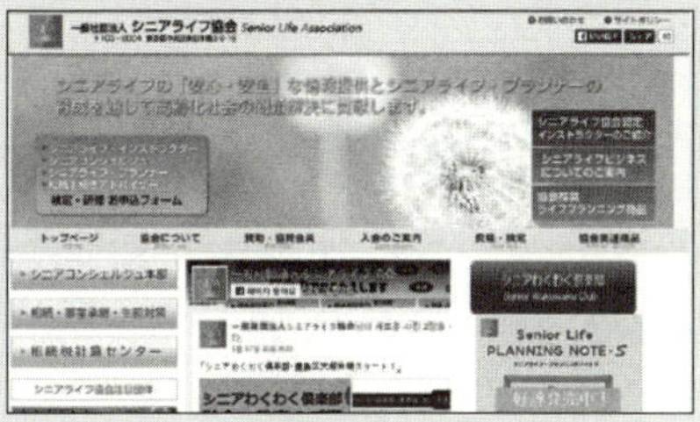

시니어라이프협회
www.s-l-a.jp

액티브시니어라이프협회
asl-genki.jp

시니어라이프진흥재단
www.seniorlife.or.jp

전국실버인재센터사업협회
www.zsjc.or.jp

우리보다 앞서 고령화 사회를 맞이한 일본에서는 시니어들을 위한 다양한 협회가 운영되고 있다.

관광 콘텐츠 제작 사례

4. QR코드와 지역캐릭터를 활용한 문화관광 콘텐츠 제작

군산대학교 미디어문화학과 학생들의 캡스톤 디자인 사례이다. 학생들은 QR코드와 지역 캐릭터를 활용하여 자신들이 소속되어 있는 지역인 군산의 문화관광콘텐츠를 기획해보고자 하였다. 콘텐츠는 군산세관 정담 중심의 새로운 관광 패턴을 관광객들에게 제안하고, 문화관광콘텐츠의 온라인 플랫폼을 구축하며, 지역 캐릭터를 활용하여 음식 소개와 QR코드를 제작하는 것이다. 또한 관광 안내도서와 지도를 제작하기도 하였다. 학생들은 이러한 프로젝트를 통하여 군산의 경제에 활력을 불어넣고 부정적 평가까지도 포함된 다양한 정보를 제공하며, 지역문화 콘텐츠의 발굴과 콘텐츠 도달률을 상승시키고자 하였다.

[그림 4-15] 군산 문화관광콘텐츠 기획 사례

출처: 군산대학교

5. 유성지역 관광활성화를 위한 관광코스 개발 및 굿즈 개발

충남대학교 캡스톤 디자인 사례이다. 대전 유성구는 과거 온천산업으로 유명 관광지였다. 하지만 빠르게 변하는 트렌드를 반영하지 못하여 관광특구로서 부족함이 있었으며, 젊은층의 마음을 사로잡을 콘텐츠가 미흡하였다. 충남대학교 학생들은 이러한 문제점을 파악하여 기존 구축되어 있는 인프라를 활용하여 새로운 문화 콘텐츠를 도입할 수 있는 방안을 마련하기로 하였다. 유성의 전설 스토리텔링을 도입하여 유성 거리를 별자리 모양 '게자리 모양'으로 테마화하여 안내하였다. 또한 유성 온천축제의 상징이 될 수 있는 굿즈를 제작하기도 하였다.

[그림 4-16] **유성 문화관광콘텐츠 개발 사례**

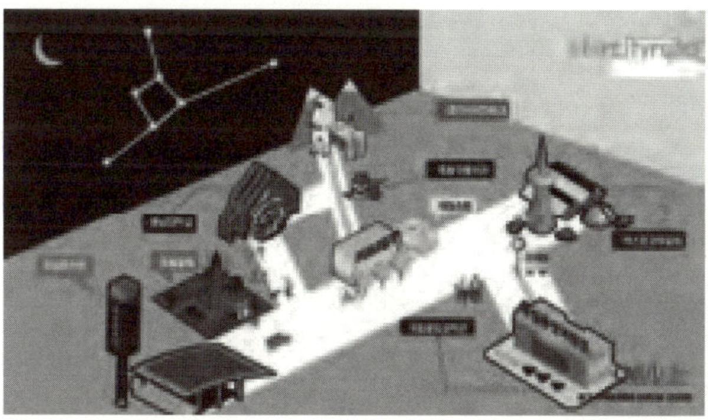

출처: 충남대학교

6. 관광스토리 발굴 및 기념품 개발

지자체와 안동대학교의 비이공계열 학생들이 공동프로젝트를 통하여 결과물을 도출하기도 한다. 안동대학교의 경우 경영학과, 관광학과, 사학과 학생들이 합동으로 관광지의 역사문화 스토리를 발굴하여 스토리부채 시제품을 개발하고, 스토리텔링 기반 관광기념품 디자인 액자와 책갈피 등의 시제품을 개발하기도 하였다. 이러한 활동을 통하여 학생들은 인문학 기반의 창의적 아이디어를 도출하고 이를 토대로 기획역량 및 현장 경험의 증대를 꾀할 수 있을 것이다.

[표 4-1] 안동대학교 관광 콘텐츠 시제품 개발 사례

결과물 형태	결과물 세부내용
시제품/마케팅 개발 및 운영 사업	• 하회마을 역사문화 스토리 발굴 및 스토리부채 시제품 개발 • 스토리텔링 기반 관광기념품 디자인액자/책갈피 시제품 개발 • 안동 하회마을 스토리 기반 전통 주 전용잔 기획 및 제작 • 안동 제비원 제품 패키지 개발 및 SNS마케팅 전략 도출

출처: 이웅규, 2019

한국문화관광연구원은 최근 침체되어 있는 관광산업의 현황을 살펴보고 포스트코로나시대 성장에 필요한 아젠더를 선정 및 발표하였다. 포스트코로나 시대 관광산업에서는 플랫폼 및 디지털 관광데이터 등 디지털 전환에 대한 수요가 급증할 것으로 분석된다. 관광산업에서의 창업 및 사업 아이디어를 고려할 때 반드시 이러한 이슈들을 면밀히 살펴보는 것이 필요하겠다.

[표 4-2] **포스트 코로나 시대 관광산업의 성장 아젠다(2021)**

관광산업 주요 이슈	
• 온라인 기반의 관광소비 행태 확산	• 플랫폼 사업자의 관광시장 지배력 확대
• 실감형 콘텐츠의 관광 활용 증가	• 관광산업 노동시장의 변화
• 3일 관광활동 기피 및 개별 관광활동 선호 증가	• 디지털 관광데이터 활용과 개인정보 보호 문제 부각
• 순수관광 목적의 외부 여가활동 위축	• 국제관광 수요의 예측 불확실성
• 관광소비의 양극화 심화	• 책임있는 관광에 대한 소비자 참여 확산
• 힐링(치유)형 관광수요 증가	• 관광산업의 탄소중립 대응 요구 증가
• 로컬여행의 새발견과 부상	• 관광기업의 ESG 경영 요구 증가
• 비즈니스 및 MICE 관광시장의 변화	• 관광산업 성장과 위기 관리를 위한 정부의 역할 확대
• 워케이션(workation)의 부상	• 관광산업 성장과 위기 관리를 위한 협력 거버넌스 필요성 증대
• 관광기업의 디지털 전환에 대한 대응 확산	• 관광산업의 핵심 전략요소로서 안전의 부상

한국문화관광연구원(2021)

7. 중국어 제품 설명서 제작 사례

한세대학교 중국어학과 학생들이 진행한 캡스톤 디자인 사례이다. 중소기업협회와 함께 경기도 소재 중소기업을 선정하여 기업의 문제점을 해결하고 사용 가능한 프로젝트 결과물을 만들어 내었다. 기업별로 매칭된 중국어학과 학생들은 기업 관계자들과 만남을 통해 해당 기업을 이해하고 한글 버전의 제품소개서를 전달받았다. 이후 학생들은 중소기업들이 향후 중국 시장에 진출할 수 있도록 중국어 제품소개서를 만들도록 과제를 부여받았다. 학생들은 우선 중국에서 사용되고 있는 전문용어를 조사하고, 시장조사 및 벤치마킹을 완료한 후 번역 작업을 수행하였다.

[그림 4-17] 학생들이 만든 중국어 제품소개서

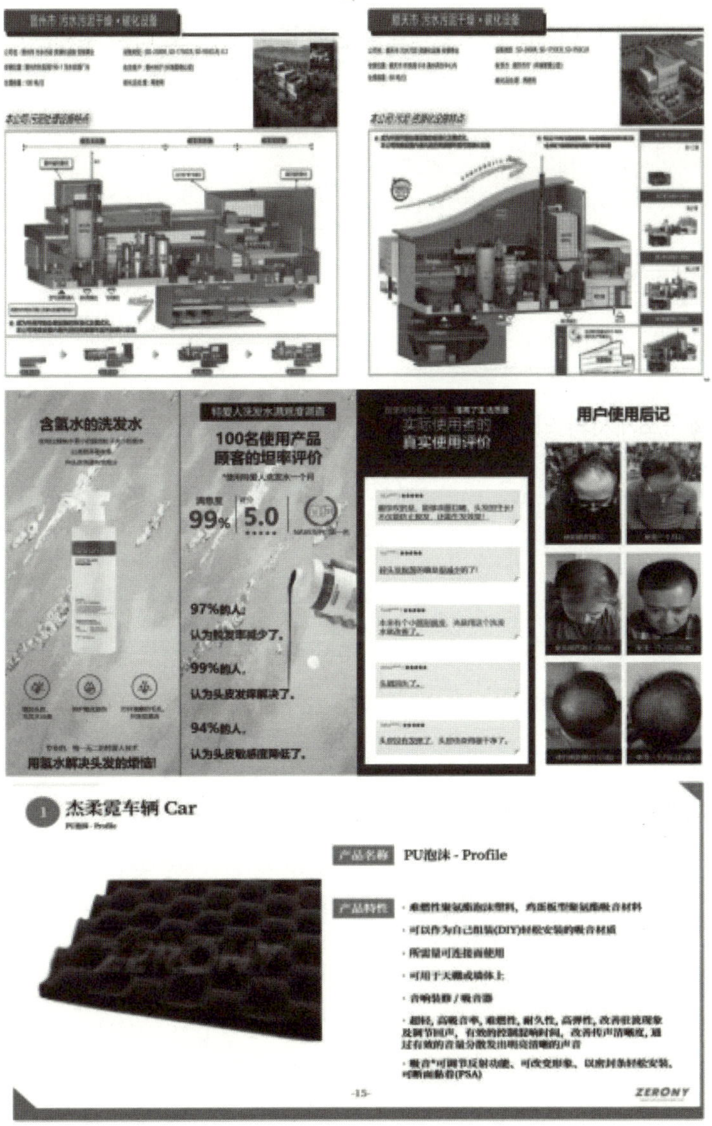

출처: 한세대학교

함께 토론하기

1. 중소기업과 협업하고 프로젝트를 진행할 수 있는 또 다른 주제는?

2. 제품소개서의 외국어 번역시 주의해야 할 점은 무엇일까?

3. 제품을 소개할 수 있는 또 다른 방안은?

4.4

아이디어 연계형

1. 화장품 기업 V사의 온라인 고객경험 개선안

삼육대학교 경영학과 학생들이 화장품 기업 V사로부터 과제를 부여받아 진행한 캡스톤 디자인 사례이다. V사는 구독형 화장품 판매를 시행하

[그림 4 - 18] **화장품 기업 V사 고객경험 개선 안**

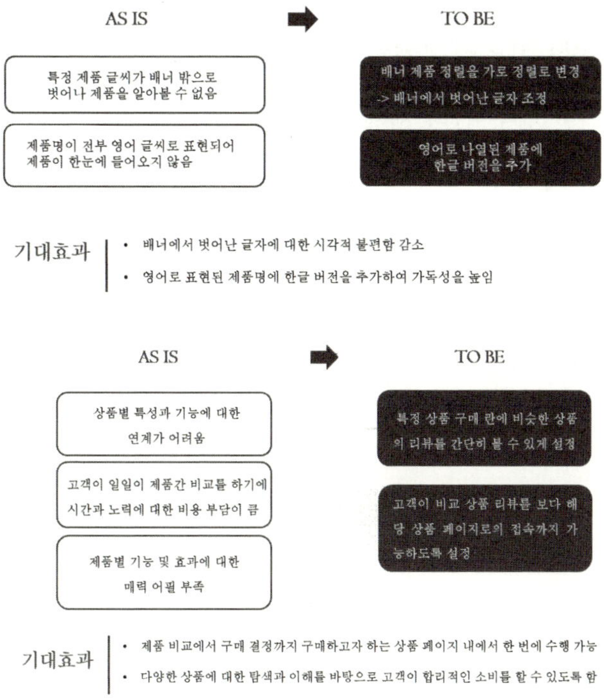

출처: 삼육대학교

고 있는데, 특정 순간부터 더 이상 매출이 성장하지 않는 문제점을 가졌다. 이에 학생들에게 소비자가 V사 온라인 플랫폼에서 어떠한 전략을 취하면 고객 경험이 개선될 수 있을지 과제를 부여하였다. 이에 학생들은 해당 기업의 온라인 플랫폼을 소비자로서 다각도에서 분석하여 여러 가지 개선안을 제시하였다. 또한 브랜드 아이덴티티 강화를 위하여 해당 기업의 로고를 제작하였고, 굿즈 제작을 제안하였다. 해당 로고는 추후 디자인 지식재산권에 출원되기도 하였다.

2. 중소기업 업무관리체계 및 신사업 추진전략 확보 방안

한성대학교 경영학과 관련 캡스톤 디자인 수업에서 진행된 사례이다. 학생들은 각기 다른 3곳의 중소기업으로부터 기업의 당면 과제를 개선할 수 있는 방안을 찾도록 과제를 부여받았다. 과제는 각각 ㅇ단기간의 사업 확장으로 인한 업무 관리 체계 개선방안, ㅇ다국적 기술경쟁 환경에서의 가격 경쟁력 확보 방안, ㅇ사회 환경 변화에 맞춘 콘텐츠 제작 중심의 사업 개편 방안 등이었다. 학생들은 각기 맡은 과제를 수행하기 위하여 현황 파악을 위한 기초조사, 문제점 파악 및 도출, 시장세분화 및 포지셔닝 전략, 기업 과제별 전략 수립 및 기대효과 예측을 통하여 기업에 실질적인 도움을 주기 위하여 노력하였다.

함께 토론하기

1. 기업이 부여한 과제를 해결하기 위하여 가장 필요한 사전 조사는 무엇일까?

2. 해당 기업을 파악할 때 가장 좋은 자료는 무엇이겠는가?

3. 친환경 외식산업 일회용품 쓰레기 줄이기 사례

한국외식산업학회 캡스톤 디자인 경진대회 발표자료이다. 참여 학생들은 최근 코로나19로 인하여 사람들이 '야외' '자연' 공간을 많이 찾고 있으며, 그 결과 한강공원 쓰레게 발생량이 현저하게 증가하고 있음을 파악하였다. 따라서 한강공원을 찾는 사람들에게 재사용이 가능한 다회용기 피크닉 세트를 대여해 줄 수 있는 시스템 개발의 필요성을 느끼게 되었다. 피크닉 세트는 그릇, 수저, 포크, 나이프, 컵, MZ 세대의 취향을 반영한 조화 소품 등을 포함하고 있으며, 겨울에는 담요도 포함될 수 있다. PP소재의 다회용 피크닉 세트는 무인으로 대여되어 회수된 식기는 세척업체를 통하여 세척된 후 재대여 될 수 있다. 또한 파손된 식기는 2차 가공 후 재활용이 가능하여 환경오염을 줄일 수 있다.

[그림 4-19] **다회용기 피크닉세트 구성 예시**

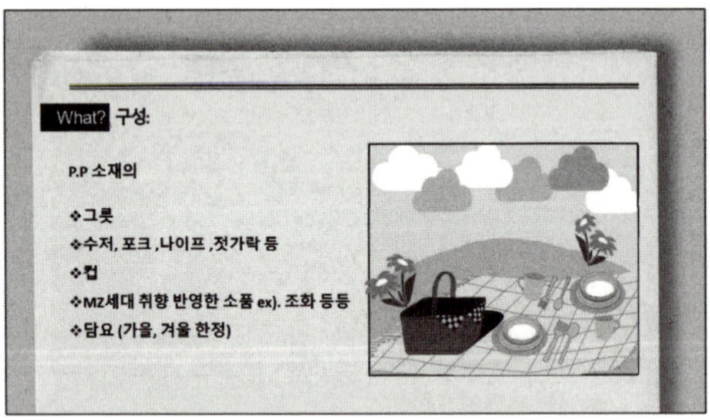

출처: 한국외식산업학회, 2022

참고문헌

가톨릭대학교 캡스톤디자인 우수 사례집(2015).

국민대학교 홈페이지 (http://2021koup.kookmin.ac.kr/web/page.php?pcode=DA&center_id=1&content_id=24).

교육부, 한국연구재단, 링크사업단협의회 주최/주관 캡스톤디자인 경진대회 (2019).

김지은(2019). 영어수업에서의 캡스톤디자인 수업 모델, 한국콘텐츠학회논문지, 19(12), 1-8.

김창완, 김화경, 이용우 (2020), 액션러닝과 디자인씽킹으로 캡스톤디자인 수업하기, 빛을 여는 책방: 대구

박나은 (2022), "내 일하며 내일 만들래요" 대학생 창업 쑥, 매일경제(2022.5.20.).

서울시50플러스포털, (https://50plus.or.kr/)

유진희 (2021). 산학연계형 중국어 캡스톤 디자인 교육과정 사례 연구, 중국연구, 88, 99-119.

이두리 (2019). 메디클라임, 유해물질 없는 슬라임 '클라임' 출시, 매일경제 (https://news.mt.co.kr/mtview.php?no=2019051412570450150&outlink=1&ref=https%3A%2F%2Fwww.google.com).

이웅규 (2019). 대학의 취업경쟁력 강화를 위한 인문학 기반 산학협력 활동 사례와 가능성, 콘텐츠문화연구, 1, 65-89.

이유혁 (2018), 무너진 페블, 킥스타터 잔혹사, Early Adopter (https://www.earlyadopter.co.kr/117648)

임욱빈, 황영아 (2021). 경영컨설팅 분야 캡스톤디자인 수업 사례 연구: H대학 재직자 중심 학과 사례를 중심으로, 한국경영교육학회, 36(6), 101-118.

이형민 (2022). 주방을 공유한 플랫폼 비즈니스 사례. 음식을 공유하는 기술 '공유주방', 기술과 혁신, 2022년 5-6월호, vol 453.

충남대학교(2021), 대학과 지역이 상생하는 지역문제해결 두 번째 이야기.

한국문화관광연구원 (2021), 포스트코로나시대 관광산업의 성장 아젠다와 정책과제.

한국외식산업학회 (2020), 제8회 캡스톤디자인 경진대회 발표자료(http://www.kfsa.org/49).

한국외식산업학회 (2022), 제10회 캡스톤디자인 경진대회 발표자료(http://www.kfsa.org/49).

Athos, https://youtu.be/Zbtc-unamZs.

Open Wheelchair Foundation, (https://www.openwheelchair.org/).

Waterloo University, (https://uwaterloo.ca/capstone-design/about-capstone-design)

Waterloo University Engineering News (2013), Capstone design project now sought-after wearable technology.(2013.11.27.), (http://https://uwaterloo.ca/engineering/news/capstone-design-project-now-sought-after-wearable-technology).

캡스톤 디자인 수업을 마친 학생들의 의견

캡스톤 디자인 수업을 마치고 학생들과 좌담회를 열어 한 학기 동안 무엇을 배우고 느꼈는지 이야기해 보는 시간을 갖는다. 학생들은 캡스톤 디자인 수업을 통하여 기업에 대해 더 이해해 보기를 원했고, 기업 관계자와 만나고 같이 토론하여 기업의 과제를 팀워크를 통하여 해결해 나가는 활동을 가장 의미 있게 생각하였다. 이러한 소통을 통하여 캡스톤 디자인 수업은 더 발전해 나갈 수 있다. 다음은 학기별 캡스톤 디자인 수업 좌담회를 통하여 학생들이 실제로 발언한 내용이다.

Q. 캡스톤 디자인 수업 선택한 이유는 무엇인가요?

"졸업하면 창업을 하려고 생각하고 있었어요. 사업 생각하면서 이 수업을 들으면 도움을 받을 수 있을 것 같아서 선택했어요."

"서비스 관련 이론 수업을 받았었는데 매우 재미있었어요. 그래서 제가 지금까지 배워온 이론을 캡스톤 디자인 수업을 통해서 실전에 응용해 보고 싶었어요."

"문제 해결과 같은 보다 실무적인 능력을 키우고 싶었어요. 이러한 능력이 나중에 회사 생활할 때 도움이 될 것 같아요."

Q. 어떠한 과정이 기억에 남나요?

"실습하는 느낌이 많이 나서 좋았어요. 처음에는 팀워크 같은 부분이 스트레스가 될 것 같았는데 반대로 팀이 함께하니까 스트레스가 없는 즐거운 수업이었어요."

"이론에서 자유로운 수업이었다고 생각해요. 이론을 바탕으로 하긴 하지만 이론에만 얽매이지 않아서 좋았어요."

"아이디어를 창출하고 발전시켜나가는 과정들이 가장 기억에 남아요. 누가 어떤 아이디어를 내는지 지켜보는 것도 재미있었어요."

"기업 관계자가 오셔서 실무경험을 공유해주시는 것이 너무 큰 도움이 됐어요."

"팀원들과 토론하고 무엇인가를 함께 발전시켜내는 과정들이 기억에 많이 남습니다."

Q. 앞으로 캡스톤 디자인 수업을 통해 무엇을 얻기를 원하나요?

"기업 관계자를 더 자주 만나고 싶어요. 피드백을 더 자주 받고 싶어요. 그리고 기업 관계자로부터 기업에 대한 더 많은 정보를 얻고 싶어요."

"저희에게 과제를 주실 때 예산을 정해주시면 그 예산 안에서 현실적인 대안을 찾는 연습을 해보고 싶어요."

"저희가 과제로 제출하는 다양한 아이디어들을 기업에서 실제로 사용한다면 너무나 뿌듯할 것 같아요. 저희의 노력이 기업 발전에 실제로 적용되었으면 좋겠어요.

"다른 팀과 같은 주제를 가지고 경쟁한다면 더 몰입이 될 것 같아요"

사례 | **스티브 잡스 프레젠테이션의 비밀**

애플의 CEO 스티브 잡스는 '프레젠테이션계의 전설'이라 불린다. 그는 1980년대 초 매킨토시 공개 행사부터 2010년 아이패드 공개 행사에 이르기까지 30여 년에 걸쳐 프레젠테이션의 개념을 완전히 바꾸어놓았다. 정보 전달에 치우친 따분한 슬라이드 쇼 일색이었던 프레젠테이션을, 훌륭한 배경, 적과 영웅, 조연이 등장하는 흥미진진한 드라마이자, 새로운 정보, 교육적인 요소, 재미가 어우러져 청중을 설득하고 열광시키는 '인포테인먼트(infotainment)'로 탈바꿈시킨 것이다.

맥북 에어가 출시된 후 '세상에서 가장 얇은 노트북(The Thinnest notebook in the world)'이라는 헤드라인은 프레젠테이션, 홈페이지, 인터뷰, 광고, 옥외광고, 포스터를 비롯한 모든 커뮤니케이션 채널에서 그대로 사용되었다. 대부분의 프레젠터들은 회사나 제품을 한 문장으로 설명하지 못한다. 계획단계에서부터 미리 만들어놓은 헤드라인이 없으면 일관된 메시지를 전달하기가 거의 불가능하다. 프레젠테이션은 헤드라인을 중심으로 전개되어야 한다

사람들은 제품 홍보나 프레젠테이션을 접할 때 "내가 왜 이 제품에 관심을 가져야 하는가"라고 자문한다. 따라서 당신의 제품을 통해 사람들이 돈을 벌 수 있다면 그 점을 설명하라. 혹은 그 제품을 통해 사람들이 돈을 벌 수 있다면 그 점을 설명하라. 그리고 당신의 제품을 통해 특정한 일을 보다 쉽고 편하게 할 수 있다면 그 점을 설명하라. 잡스는 새로운 제품이나 기능 이면에 있는 기술을 설명하기 전에 컴퓨터나 MP3플레이어 혹은 다른 기기 사용에 있어 새 제품을 이용할 때 어떤 개선점이 있는지 분명히 밝힌다

잡스는 청중에게 미리 말로 로드맵을 그려주었다. 대개 이 로드맵은 3이라는 숫자를 기준으로 구성된다. 즉 프레젠테이션은 3막으로, 제품 설명은 3개 사양으로, 시연은 3부로 나뉜다. 잡스는 1984년 1월 24일 1세대 매킨토시를 출시할 때부터 3부 구성을 좋아했다. 그는 플린트 센터의 무대에 등장해 이렇게 말했다. "컴퓨터 산업에서 지금까지 획기적인 제품 두 개가 나왔습니다. 1977년에 나온 애플 II와 1981년에 나온 IBM PC가 그것입니다. 오늘 우리는 세 번째 획기적인 제품인 매킨토시를 소개하려 합니다. 이 제품은 정말 대단합니다!" 이렇듯 사전 예고는 일종의 로드맵으로서 청중이 이야기를 따라가기 쉽도록 해준다.

출처: 카마인 갈로, 김태훈 번역(2013), 랜덤하우스

Chapter 05

캡스톤 디자인 프레젠테이션

CAPSTONE DESIGN

5.1 프레젠테이션 기획

5.2 프레젠테이션 작성

5.3 프레젠테이션 스킬

5.1

프레젠테이션 기획

1. 프레젠테이션의 개념

말은 사람의 생각, 느낌을 표현하고 전달하는 음성기호이다. 머릿속의 추상적인 형태를 타인과 공감하기 위해서는 어떻게 전달하느냐가 관건이다. 많은 시간을 들여 캡스톤 디자인 아이디어를 도출하고 팀 협업을 통해 바람직한 개선안을 작성하겠지만, 준비한 내용을 교수 및 동료들에게 효과적으로 전달하지 못한다면 그동안의 노력이 수포로 돌아갈 수 있다.

결과물 프레젠테이션을 통해 문제를 정확히 분석하고 문제해결 과정을 최대한 세부적으로 설명하며 최종 결과물을 공유하기 위해서는 프레젠테이션에 대한 정확한 이해를 통해 체계적으로 준비하는 것이 필요하다.

프레젠테이션(Presentation)은 한국어로 '발표'라 하는데 발표(發表)의 사전적인 의미는 어떤 사실이나 결과, 작품 따위를 세상에 널리 드러내어 알린다는 의미이다. 보통 영어의 Presentation을 'PT(피티)'로 줄여서 말하기도 한다.

발표자 자신이 의도한 결과를 이끌어 내기 위해 제한된 시간 동안 청중에게 어떤 사실이나 주장, 아이디어, 작품 등 제반 정보를 전달하거나 설득하는 일련의 과정이다. 프레젠테이션 그 자체가 목적이 아니라 목적을 달성하기 위한 수단이다.

2. 프레젠테이션의 중요성

현대 사회에서 인적 자원의 중요성이 높아지며 개인의 생각에 대한 가치가 증대되고 있다. 따라서 어디서든 자기의사를 표출할 기회가 많으며 방법 또한 다양하다. 여러 가지 방법들 중 효과적인 것이 바로 프레젠테이션이다.

프레젠테이션은 단순히 청각적인 요소만 지니고 있는 것이 아니라 시각적인 요소 혹은 체험적인 요소 등 다양한 방법으로 행해질 수 있다. 이는 발표자의 역량에 따라 그 결과가 상이하게 나타나므로 가시적으로 발표자와 팀원들의 능력을 알 수 있다(하버드경영대학원, 2004).

기업에서는 모든 업무의 시작이 프레젠테이션이고 그 결과에 따라 업무가 진행되고 최종 성과물까지 이어진다. 채용에 있어 프레젠테이션 능력을 갖춘 인재를 선호한다.

성공적인 프레젠테이션은 다음과 같은 효과를 얻을 수 있다. 첫째, 좋은 발표는 발표자를 신뢰하게 되어 추후 프레젠테이션을 하게 될 경우 발표자에 대해 호의적인 태도를 지닌 청중의 비중이 높아질 수 있다. 경영학 수업시간에 학생들이 토의한 내용을 발표하게 되는데, 열심히 내용을 정리했으나 발표 능력이 부족하여 제대로 내용을 전달하지 못하는 경우가 종종 발생한다. 반대로 준비한 것보다 전달 내용을 구조화(서론-본론-결론)해서 발표하면 보다 설득력이 높아진다.

둘째, 효과적인 정보전달을 통해 청중들이 어떠한 판단이나 의사결정을 하는 데에 있어 도움을 줄 수 있다. 제품 및 서비스 구매 의사결정을 하거나 프로젝트 결과를 어필하고 보고하는 등 청중의 설득, 공감, 반응,

평가 등을 얻기 위해 프레젠테이션을 실시한다. 프레젠테이션의 내용을 발표자와 청중들이 공감하여 청중들이 기존에 가지고 있던 불확실성을 제거하거나 새로운 내용을 습득하여 올바르게 판단하는데 도움을 준다.

셋째, 프레젠테이션을 통해 청중의 변화를 유도하는 동기유발을 하거나 실행력을 강화하는 행동을 촉구할 수 있다. 훌륭한 연설이나 강연은 청중들의 마음 속 깊이 감명을 주게 되어 변화에 대한 다짐을 하게 하거나 구체적인 실행에 옮기는 행동을 하게 된다. 청중들의 눈높이에 맞게 그들이 고민하고 있는 부분을 함께 공유하고 올바른 방향을 제시한다면 큰 변화의 물결을 만들어 낼 수도 있다.

3. 프레젠테이션의 3가지 요소

프레젠테이션은 발표자, 청중, 전달 내용(메세지) 3가지 요소로 이루어진다. 첫째, 발표자는 프레젠테이션 효과를 만들어내는 핵심 요소이자 메시지와 청중을 이끄는 리더(Leader)이다. 아무리 좋은 자료와 환경이 존재하더라도 그것들을 활용하여 전달할 발표자가 없으면 프레젠테이션은 무용지물이 된다.

캡스톤 디자인 수업 중 팀 발표를 진행할 때 1명이 전체 발표를 이끌어가기도하고, 2~3명이 자기가 자신 있거나 관심 있는 분야를 나누어서 발표하는 경우가 있다. 2~3명이 나눠서 발표할 경우 전체 발표 자료를 충분히 이해하고 본인이 해야 할 부분을 정확히 전달해야 한다. 또한 다른 발표자의 영역을 침범하는 경우도 있어 서로 연습을 통해 발표 내용이 중복되지 않도록 한다.

두 번째는 청중이다. 프레젠테이션의 이유를 만들어낸 최초 제공자이자 프레젠테이션의 대상자이다. 발표자 스스로 원하여 청중을 모집하는 경우도 있지만 대부분 프레젠테이션에 대한 필요 욕구가 있는 자가 있기 때문에 행해질 수 있는 것이다. 청중의 요구를 반영하여 발표 준비를 하고, 청중들이 이해하기 쉬운 표현을 사용하도록 한다. 또한 청중들이 프레젠테이션에 집중할 수 있는 환경을 조성하는 것이 중요하다.

셋째, 가장 중요한 것이 발표 내용(메시지)이다. 프레젠테이션의 내용물이자 발표자와 청중이 생각을 공유하고 감정에 공감할 수 있도록 돕는 매개체이다. 그릇에 무엇을 담느냐에 따라 그릇의 의미가 달라지듯 프레젠테이션의 내용이 그 프레젠테이션의 의미를 부여한다. 프레젠테이션은 시각적인 자료를 동반하면 전달력을 높일 수 있다.

프레젠테이션은 발표자, 청중, 내용 3가지 요소가 어우러지는 쌍방향 소통의 장인 것이다. 발표자는 말과 행동, 발표자료 등으로 자신의 정보를 송신하여 청중과 나눈다. 청중은 발표자가 송신한 정보를 수신하고 처리한 결과를 몸짓과 표정, 질문 등으로 다시 발표자에게 Feedback한다. 프레젠테이션을 잘 하는 발표자는 청중이 보여주는 반응을 잘 잡아내어 발표에 실시간으로 반영한다. 즉, PT가 쌍방향성(Interaction)을 갖도록 만드는 것이다.

프레젠테이션이 쌍방향 커뮤니케이션이 될 수 있도록 발표자는 정보의 송신뿐만 아니라 수신에도 충분한 주의를 기울여야 한다. 또한, 청중에게 충분한 주의를 기울일 수 있도록 송신할 정보에 대해서는 미리 완벽하게 숙지해야 한다.

4. 성공적인 프레젠테이션을 위한 4P

성공적인 프레젠테이션을 위해서는 목적(Purpose), 청중(People), 장소(Place), 준비(Preparation)를 이해하고 상황에 맞게 대처해야 할 것이다(황혜미 외, 2019).

① 목적(Purpose)

발표자는 프레젠테이션을 하게 된 이유에 대해 정확하게 알고 있어야 한다. 이유가 곧 목적이다. 청중이 프레젠테이션을 왜 들어야만 하는가에 대해 떠올렸을 때 청중의 머릿속에 바로 떠올릴 수 있어야 한다. 말은 상대가 듣고 싶어 하는 것을 말해야 들을 가능성이 높아지기 때문이다.

발표자가 목적을 명확하게 이해하고 있고 그것을 청중에게 정확하게 전달하는 순간 청중들은 발표자가 제대로 준비되어 있다고 여겨 신뢰할 수 있게 된다.

② 청중(People)

청중의 수(규모), 성별, 연령대, 학력, 소득수준 등 사전 분석이 필요하다. 청중의 규모에 따라 내용이 더 풍성해질 수도 있고 생략될 수도 있으며, 표현 역시 더 적극적으로 하거나 차분하게 할 수 있다.

대규모 청중을 대상으로 하는 경우 청중들의 집중을 높일 수 있는 마이크와 스피커 등 장비가 필요할 수 있다. 다양한 견해를 가진 청중 모두를 포용할 수 있는 내용을 준비한다. 소규모 청중을 대상으로 하는 경우 청중의 참여가 어느 수준까지 가능할 것인지 파악하고 그에 맞는 프레젠테이션을 준비한다.

호의적인 태도를 가진 청중에게는 구체적인 설명과 추가 설명을 더하여 심도 있는 내용을 나눌 수 있으므로 발표자의 준비량이 많아진다. 적대적인 태도를 가진 청중에게는 그들이 그러한 태도를 가지게 된 원인에 대해 미리 파악한 후, 그것을 제거하고자 하는 것에 초점을 둔다. 중립적인 태도를 가진 청중에게는 프레젠테이션의 목적에 부합하여 부정적인 것보다 긍정적인 것이 더 두드러질 수 있도록 하여 발표자의 의도에 맞게 유도한다.

③ 장소(Place)

가장 놓치기 쉬운 요소로서 발표장 규모, 소음, 조명, 온도, 좌석배치 등을 사전에 확인한다. 발표 장소까지 걸리는 소요시간, 교통 사정을 미리 체크하고 발표 시간 30분 전에 도착한다.

발표장의 실내 분위기가 밝은지 어두운지, 추운지 더운지, 통풍이 잘 되는지 등을 확인한다. 발표 전에 반드시 빔프로젝트, 노트북, 마이크(고정, 이동식) 등을 사전 점검한다. 효과적인 발표를 위해 프레젠테이션 리모콘이나 포인터를 사용하는 경우가 있는데, 작동법을 미리 익혀두고 발표 시 우왕좌왕하지 않도록 주의한다.

④ 준비(Preparation)

발표 내용은 예상 프레젠테이션의 준비 수준보다 20% 정도 추가하여 120% 상태로 준비한다. 예상 시나리오를 작성해본다. 큰 흐름을 만들고 예기치 못한 상황이 발생할 수 있음을 고려한다.

작성한 시나리오를 바탕으로 리허설을 하며 시간 측정해 보고 동선을 짜본다. 이때 실전과 동일한 조건에서 연습하면 실제 프레젠테이션에서 긴장을 덜 수 있다.

다음 프레젠테이션을 위하여 청중에게 피드백을 받을 수 있다. 사전에 평가지를 만들어 프레젠테이션을 마친 후에 청중에게 즉각적인 피드백을 받는 방법도 있고, 이메일을 통해 좀 더 자세한 피드백을 받을 수도 있다(함주한, 2009).

함께 토론하기

1. 캡스톤 디자인 과제 수행의 목적인 무엇인가?

2. 프레젠테이션을 들을 청중은 누구인가?

3. 프레젠테이션 장소 점검 중 가장 고려해야 할 사항은?

4. 예비 프레젠테이션 진행을 통해 얻게 된 점은?

5.2

프레젠테이션 작성

1. 내용(메시지) 구성전략

프레젠테이션은 메시지를 구성하는 것이 핵심이고 시각적 자료들은 핵심 메시지의 전달을 돕는 것이다. 메시지는 리서치, 브레인스토밍, 마인드맵 등을 통한 정보 수집으로 다양한 메시지를 얻을 수 있다. 핵심은 그를 기초로 어떻게 틀을 형성하고 방대한 메시지 중 어떤 것이 적합한 내용물인지 찾는 것이다.

메시지 구성단계에서는 프레젠테이션의 제목과 목차를 정리해 봄으로써 어떻게 과제 보고를 진행할지 전체 내용을 구조화할 수 있다. 학생들이 가장 어려워하는 것 중 하나가 '제목 정하기'이다. 한 번에 제목을 정하려하기 때문에 어렵게 느껴질 수 있지만, 목차를 준비하고 참고문헌을 정리한 후 과제 보고서 내용 전체를 포함하는 주제 3~4개를 나열해 본다. 아래 그림과 같이 전체 제목을 크게 정하면, 소제목을 정해서 내용의 구체적인 부분을 보여줄 수 있다.

큰 제목: ○○ 기업의 브랜딩 방안 소 제목: - ESG 관점으로 -

큰 제목: ○○ 기업의 서비스플랫폼 운영방안 소 제목: - 디지털 헬스케어를 중심으로 -

목차를 정할 때는 서론, 본론, 결론에 들어갈 내용을 중심으로 [표 5-1]과 같이 체계적으로 정리하도록 한다. 먼저 서론에서는 과제 수행을 배경을 작성한다. 사회의 현황 및 트랜드 분석, 기업의 경영 상태 및 관심 이슈뿐 아니라 개인이나 팀원들이 해당 주제를 선택한 이유를 2~3가지 정도 나열한다. 이 때 주의할 점은 지나치게 개인적인 관점에서 어필하는 것이다. 예를 들어 '해당기업에서 아르바이트를 했는데...', '내가 경험해 봤는데 좋아보여서...' 등 막연한 개인감정만을 표현하는 것은 피해야 한다.

다음 전체 목차 중 가장 중요한 부분은 연구(조사) 목적을 정하는 것이다. 연구 목적을 바탕으로 본론의 내용을 전개할 것이고, 결론의 결과 및 시사점을 기술하는 것과 연계(Align)되어야 할 것이다. 연구 목적은 보통 2~3가지 구체적으로 정하는 것이 좋으며, 가능한 '첫째, 둘째, 셋째' 로

[표 5-1] **과제 보고서 목차 정하기**

구분	세부내용
서론	1. 연구(조사) 배경
	2. 연구(조사) 목적
본론	1. 회사 현황 소개
	2. 이론적 배경
	3. 조사 프로세스 및 방법
	4. 조사(분석) 결과
결론	1. 결과 요약
	2. 시사점 및 교훈 점
	3. 한계점

구분하여 기술하도록 한다.

현대의 과학자들은 우리가 쉽게 떠올릴 수 있는 정보의 수를 서너 개로 본다. 커뮤니케이션 이론에서 '3의 법칙'이 가장 강력한 효과를 낸다. CNN 백악관담당 수석특파원을 지낸 마크 월튼은 "사람들은 3가지 정보가 주어졌을 때 가장 쉽게 받아들이고 가장 쉽게 기억한다"는 3의 법칙을 말했다. 맥킨지는 한 가지 업무목표에 대한 타당성 있는 이유를 3가지 갖다 댄다. 그리고 이를 '마법의 숫자 3' 혹은 '맥킨지 넘버 3'이라 칭한다.

본론에서는 조사 대상 회사의 현황을 소개하며 과제 주제로 선정한 부분에 대해 좀 더 자세히 조사하여 정리한다. 예를 들어 OO기업의 서비스 표준화 및 운영 매뉴얼 개발이 주제라면, 회사 현황 소개에서도 OO기업의 서비스 표준설정과 관리, 접점관리, 업무 프로세스 설계 및 운영에 대한 부분이 다루어져야 할 것이다.

이론적 배경은 작성할 때는 경영(생산, 품질, 재무, 서비스, 마케팅 등), 심리, 교육, 정책, 행정, 산업디자인 등 다양한 분야의 이론을 활용할 수 있다. 해당 과제와 접목할 이론적 배경을 적용한다. 예를 들어 OO기업의 서비스 품질개선이 주제라면, 이론적 배경에는 서비스 품질의 개념과 중요성, 서비스 품질 측정 항목 등이 기술되어야 할 것이다.

조사 방법은 Chapter 2, Chapter 3에서 설명한 정량, 정성적인 도구들을 활용한다. 많은 방법을 사용하기보단 조사결과를 도출하는데 가장 효과적인 조사를 적용하는 것이 중요하다. 분석결과를 도표, 그림을 활용하여 가독성 있게 정리한다.

마지막으로 결론에서는 조사 결과의 중요 내용을 다시 한 번 요약한다. 그리고 본 조사를 통해 얻게 된 교훈 점을 2~3가지로 정리하며 동시에 연구결과가 주는 시사점도 기술한다. 학문적 기여, 실무적 기여, 중견 기업 적용(벤치마킹), 팀 차원에서 배운 점을 정리한다.

또한 과제 수행의 한계점이나 아쉬운 점을 기술한다. 학생들은 주로 해당 기업의 정보를 확보하기 어렵거나 다양한 자료를 수집하는데 어려움을 겪고 있다. 교수자가 최대한 자료를 찾는 방법, 관련 학술지 소개 등을 통해 최대한 원하는 자료를 확보할 수 있도록 도움을 준다. 조사 진행과정이나 방법상의 아쉬운 점을 정리하여 향후 연구방향을 기술하면 가장 완성도 높은 보고서가 될 것이다.

그리고 보고서에 참고문헌을 작성하지 않는 경우가 많은데, 학생들의 조사만으로 과제를 완성하기 어렵기 때문에 기존 자료를 수집 및 분석하도록 한다. 참고문헌은 아래 그림과 같이 일목요연하게 저자(작성자), 제목 및 주제, 출판사 및 학술지, 그리고 논문의 경우 인용 페이지를 기재한다.

[그림 5-1] **참고문헌 정리방법**

사이트	삼성반도체(2017.3.21.), 그때 그 발견! 와트(W)의 주인공 제임스와트의 증기기관, https://www.samsungsemiconstory.com/kr/
도서	박종현(2021), 4차 산업혁명 관련 법정책 인식조사. 법과 사회, 66, 175-204. 클라우스 슈밥, 송경진 역(2016), 클라우스 슈밥의 제4차 산업혁명, 새로운 현재.
논문	조헌국(2017), 4차 산업혁명에 따른 대학교육 변화와 교양교육의 과제, 교양교육연구, 11(2), 53-89. 허재준(2017), 4차 산업혁명이 일자리에 미치는 변화와 대응. 노동리뷰 3월호.
신문기사 및 매거진	이명지(2017), 4차 산업혁명이 불러올 '다섯 개의 변화', 매거진 한경.

함께 토론하기

1. 서론, 본론, 결론을 작성할 때 가장 어려운 것은?

2. 참고문헌을 쉽게 찾는 방법은?

2. 프레젠테이션 내용 구성의 원칙

도입(Introduction)은 전체 프레젠테이션의 10~15%밖에 차지하지 않을 정도로 짧지만 강렬해야 한다. 발표자가 잡는 방향에 따라 어떤 프레젠테이션이 진행될지 이때 판가름이 난다.

먼저 발표자 자신을 소개한다. 과장된 소개를 해서도 안 되지만 청중의 기억 속에 남을 만한 핵심 단어가 섞여 있어야 한다. 주위로 흩어져 있던 청중들의 집중을 청중의 공통분모 소재로 묶어 하나로 모은다.

청중들이 프레젠테이션을 왜 듣는지 무엇을 듣게 될 것인지 어떤 것을 얻을 수 있는지에 대해 간략하게 설명한다. 궁금증을 유발할 수 있도록 중요한 단어 및 문장을 말하도록 한다.

본문(Body)은 전체의 80% 이상을 차지하는 프레젠테이션의 주요 내용이자 핵심이다. 도입에서 잡은 방향이 목적을 향해 잘 뻗어나갈 수 있도록 한다.

기술하는 내용은 3단으로 구성하는 것이 청중에게 가장 편안하게 느껴져 좋다. 3개의 큰 개념이 있고 각 개념에 다시 3개의 내용을 담는 것이다. 또한그 주장에 논리성을 부여하기 위하여 반드시 타당한 근거를 제시한다. 프레젠테이션 중간 중간 청중의 지루함을 없앨 수 있는 전략이 필요하다.

물론 갑자기 주제와 상관없는 이야기를 한다면 청중들도 당황할 수 있겠지만 집중을 유도하는 멘트를 하거나 간단하게 생각하는 질문을 던지는 것은 오히려 청중들의 참여도를 높이는데 큰 도임이 된다.

결론(Close)은 도입과 마찬가지로 10~15%의 작은 비중이지만 청중의 태도를 좌우하는 단계이므로 중요하다. 내용을 간단하게 정리하고 반드시 결론을 강조한다. 이는 청중의 기억을 다시 한 번 불러오는 역할을 한다. 학생들이 가장 놓치기 쉬운 것은 본론을 설명하다가 시간이 부족하여 결론 부분을 SKIP하는 것이다. 주요 내용에 대한 요약 및 정리 없이 나열식 설명으로 마무리되면 메시지 전달에 실패하게 된다.

발표의 마지막에는 반드시 질의응답(Q&A) 시간을 가져 명확한 이해를 돕고 청중의 참여를 이끈다. 청중이 예상할 수 있는 정도의 멘트를 한다. 지나치게 길면 중요 내용보다 발표자가 말이 많다는 인상밖에 남지 않는다.

구분	비율
도입	10~15%
본문	70~80%
결론	10~15%

3. 메시지 구성전략

메시지의 기본 틀인 도입, 전개, 결론을 정했다면 그 틀에 넣을 내용물을 효과적으로 구성하기 위해서는 다음 6가지 특성 중 프레젠테이션의 목적에 부합하고 청중에게 적합하다고 판단되는 2가지 정도를 정하여 프레젠테이션의 전략으로 가져가는 것이 좋다(황혜미 외, 2019).

㉠ 단순성(Simplicity)

- 더 이상 뺄 것이 없는 핵심만 간결하게 표현된 상태이다. 단순해지라는 것은 정보의 수준을 낮추거나 내용을 간략하게 요약하라는 것

이 아니라 핵심을 찾아 간결하게 표현하는 것이다.

- 청중이 이미 가지고 있는 기억들을 재료 삼아 새로운 음식을 만든다는 생각으로 청중의 기억과 전달하고자 하는 바의 연결 고리를 발견하는 것이 좋다.

ⓒ 의외성(Unexpectedness)

- 청중의 흥미와 호기심을 자극하기 위해서는 그들의 예상을 깨뜨려야 한다. "다음엔 OO에 대해서 이야기하겠군."이라고 생각하는 청중의 의식 흐름에 찬물을 끼얹어 궁금증을 유발시킨다.
- 극적 효과의 장점만 보고 프레젠테이션과 관련 없이 흐름을 깨면 도리어 그 뒤에 올 내용마저 집중을 떨어뜨릴 수 있다.

ⓒ 구체성(Concreteness)

- 구체적인 언어로 표현한다. 청중에게 '적당히', '대충'이라는 추상적인 말을 하면 고개를 갸우뚱할 수밖에 없다. 얼마만큼 혹은 몇 번이라고 말해야 상대는 이해할 수 있다. 구체성은 기본적인 이해를 돕는데 가장 효과적이다.
- 구체적으로 설명할 때에는 청중에게 익숙한 단어를 사용한다. 전문적인 용어는 전문성이 강조되기도 하지만 청중의 이해를 방해하는 요소가 되기도 한다.

ⓔ 신뢰성(Credibility)

- 발표자의 실제 경험을 이야기하는 것이야말로 가장 호소력 있는 방법이자 발표자에 대한 신뢰성을 높일 수 있는 방법이다.

- 출처가 분명한 전문적인 내용은 외적 신뢰성을 높이는데 효과적이기 때문에 프레젠테이션에서 큰 비중을 차지한다.
- 프레젠테이션의 메시지는 내적 신뢰성이 반드시 담겨 있어야 한다. 내적 신뢰성은 구체성과도 결부되는데 메시지를 전달할 때 세부 사항을 보태면 신빙성이 높아진다. 세부적인 증거, 사례 등은 주장을 더욱 구체적이고 실감나게 묘사함으로써 더 현실적으로 보이게 만든다.
- 청중들에게 메시지를 스스로 체험해볼 수 있게 한다. 이는 통계 수치를 이용할 수 있다. 주장을 뒷받침하기 위해 통계적 증거를 제시하는 것을 말한다.

[그림 5-2] **통계지표 활용 예시**

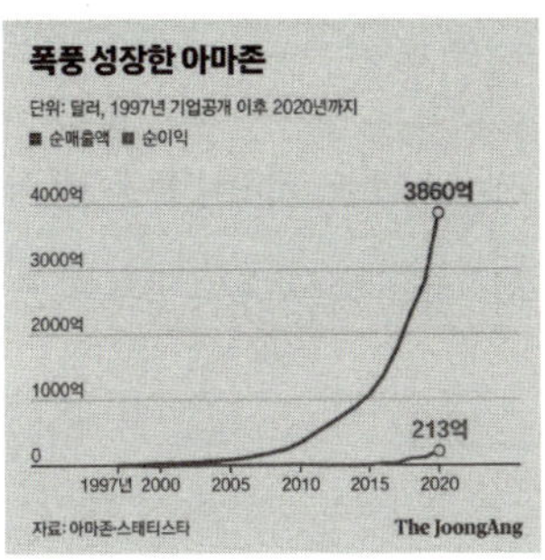

상위 10대 의약품 유통그룹·업체 2018년도 실적 및 시장쉐어 현황

<단위: 백만원, %, %p>

순위	업체명	매출액 2018	매출액 2017	증감	시장쉐어 2018	시장쉐어 2017	증감	영업이익 2018	영업이익 2017	증감	순이익 2018	순이익 2017	증감
1	지오영그룹(11)	3,370,372	3,042,935	10.8	16.0	15.8	0.2	49,624	42,432	16.9	36,492	30,502	19.6
2	백제약품그룹(2)	1,378,494	1,217,916	13.2	6.5	6.3	0.2	7,684	3,428	124.2	6,088	8,451	(28.0)
3	동원약품그룹(6)	957,904	881,655	8.6	4.5	4.5	0.0	14,880	12,586	18.2	12,388	8,796	40.8
4	태전약품그룹(3)	747,675	703,771	6.2	3.5	3.6	(0.1)	7,828	7,204	8.7	5,419	4,959	9.3
5	지오팜그룹(4)	688,675	606,658	13.5	3.3	3.1	0.2	7,554	7,409	2.0	7,245	6,305	14.9
6	복산나이스	676,676	589,929	14.7	3.2	3.1	0.1	8,332	5,388	54.6	6,489	3,594	80.6
7	부림약품그룹(3)	591,483	509,735	16.0	2.8	2.6	0.2	7,363	10,377	(29.0)	6,119	8,713	(29.8)
8	남양약품그룹(2)	552,656	462,621	19.5	2.6	2.4	0.2	11,493	11,765	(2.3)	7,294	5,846	24.8
9	엠제이팜	546,685	456,092	19.9	2.6	2.4	0.2	5,485	5,213	5.2	3,707	3,061	21.1
10	인천약품	516,260	447,780	15.3	2.4	2.3	0.1	2,969	4,272	(30.5)	1,511	2,427	(37.7)
	계/평균	10,026,880	8,919,092	12.4	47.7	46.4	1.3	123,212	110,074	11.9	92,752	82,654	12.2

※출처 : 각사 감사보고서, 메디파나뉴스 재구성, 그룹 ( ) 수치는 계열법인 수

ⓜ 감성(Emotion)

- 프레젠테이션의 대상자가 사람이므로 감정에 호소하게 되면 그 감정은 행동을 일으키는 가장 큰 역할을 할 수 있다.
- 지식적인 부분을 전달하고 나면 그것을 청중 각자에게 각별한 의미

를 가질 수 있도록 전환시킨다. '우리'라는 단어는 적절한 순간에 임팩트 있게 사용한다.

ⓑ **스토리(Story)**

- 스토리를 말하는 것은 청중들이 그동안 깨닫지 못했던 일상적인 관계를 재조명할 수 있게 하고 문제 해결에 생각지 못한 실마리를 제공한다.
- 스토리는 이중적인 힘을 가지고 있다. 시뮬레이션, 즉 어떻게 행동해야 하는지에 대한 지식을 제공하는 동시에 행동에 대한 동기를 유발한다.

4. 프레젠테이션 체크리스트

프레젠테이션을 준비하면서 [표 5-2]와 같이 내용 구성, 청중 이해, 준비 정도, 전달 스킬 등을 꼼꼼하게 확인한다. 개인별로 체크 후 팀원들과 함께 상호 점검(Cross check)을 실시한다면 문제 발생을 줄이거나 제거할 수 있을 것이다. 확인란에 O, X로 표시하면서 점검해본다. 세부적으로 점검한 내용을 정리하고 수정 및 보완한다.

[표 5-2] **체크리스트**

	항목	확인	점검 내용
내용 구성	1. 프레젠테이션의 목적을 한 마디로 말할 수 있는가?		행동 변화
	2. 목적이 도입과 마무리에서 드러나는가?		도입에 이유 & 결론에 효과 언급
	3. 메시지의 6가지 전략 중 활용할 전략이 있는가?		의외성, 구체성
	4. 메시지의 구성에 비중이 적절한가?		오프닝이 장황
	5. 이목을 끌 만한 시각적인 자료가 준비되었는가?		오프닝 영상
청중 이해	1. 청중의 규모를 파악하였는가?		참석 인원
	2. 청중이 사전에 프레젠테이션 내용에 대해 어떤 태도를 가지고 있는지 파악하였는가?		적대적
	3. 청중이 기대하는 바가 무엇인지 파악하였는가?		물질적 보상
준비 정도	1. 프레젠테이션 내용에 확신이 있는가?		120% 준비
	2. 예상 질문 리스트를 작성하였는가?		3가지 완벽 준비
	3. 리허설은 3회 이상 해보았는가?		시간 부족
전달 스킬	1. 목적에 적합한 오프닝 멘트를 준비하였는가?		청중에게 질문
	2. 청중의 집중이 흐려졌을 경우 다시 주의를 환기시킬 나만의 스킬이 준비되어 있는가?		간단한 행동 실습
	3. 피해야 할 비언어 습관에 대해 알고 있는가?		머리 넘기기

5.3

프레젠테이션 스킬

'킹스스피치'는 제 2차대전 시기 내성적인 영국국왕 조지 6세가 말더듬이를 견뎌내고 군중들에게 연설하는 과정을 다룬 영화이다. 권력과 명예, 모든 것을 다 가진 왕도 두려운 것이 있었으니 바로 '마이크'였다. 그는 사람들 앞에 서면 말을 "더더더…"라고 말하는 컴플렉스를 가졌던 것이다. 괴짜 언어 치료사를 만나게 되어 기상천외한 치료법을 통해 말더듬증 극복에 도전하게 되는 과정을 볼 수 있다. 이처럼 많은 대중들 앞에 말하는 것은 많은 노력이 필요한 것이다.

1. 스피치의 의미

스피치는 청중과 공감대를 형성하길 바라는 목적으로 자신의 의견을 조리 있게 말하는 것이다. 말을 하는 사람이 자신의 의견이나 주장을 청자나 청중에게 가장 정확하게, 그리고 가장 효과적으로 전달해야 한다. 무엇보다도 화제(話題)가 뚜렷하여야 하며, 자신의 이야기를 뒷받침할 수 있는 자료가 풍부하고 정확하여야 한다.

스피치 작성 시에는 간단한 메모 형태로 작성하는 게 아닌, 처음과 끝부분 모두를 완전히 작성하는 것이 좋다. 또한, 청중들이 이해하기 쉬운 문장을 사용하고 예의와 격식을 갖추어 작성하도록 한다.

말소리의 음질, 말의 속도와 강약, 말에 따르는 몸짓과 태도, 시선의 방향도 중요하며, 청자의 반응을 유도할 수 있는 방법이나 분위기나 상황에 유효적절하게 대응할 수 있는 능력이 문제된다.

2. 스피치 기법

㉠ 호흡

- 스피치에서 호흡은 숨쉬기를 통해 자연스럽게 소리를 내게 하며, 목소리의 다양성을 펼치게 하고, 목소리의 속도를 조절할 수 있게 한다.
- 호흡은 목소리의 강약을 용이하게 하고, 목소리에 힘을 부여하기도 한다. 경우에 따라 침묵을 유지하면서 스피치의 효과를 배가시키는 원천이 된다.
- 복식 호흡은 스피치에 큰 영향을 미치게 된다. 날숨과 들숨에 의한 횡격막의 움직임에 따라 많은 양의 공기를 폐에 저장시킬 수 있기에 공기 압력이 높아지고 스피치할 때 힘찬 발성을 할 수 있게 해준다.
- 횡격막의 움직임에 따라 호흡의 길이가 길고 깊어질 수 있기에 목소리의 힘, 속도, 고저, 멈춤 등을 자유롭게 조절할 수 있다. 목소리의 공명을 만드는 것도 복식 호흡의 이점이라 할 수 있다.

㉡ 발성

- 발성은 목소리 혹은 목소리를 내는 것을 말한다. 발성은 목소리의 높고 낮음, 소리의 강약, 그리고 목소리 그 자체의 고유한 색깔을 나타내게 된다.
- 발성을 연습하기 위해서는 횡격막을 이용한 호흡의 원리를 이해해야 한다. 횡격막에 의한 호흡을 잘하기 위해서는 복근 운동을 하는 것이 발성 연습의 시작이라고 할 수 있다.

- 올바른 발성을 위해서는 짧은 순간에 많은 공기를 허파에 저장하고 조절할 수 있어야 한다. 발성 호흡을 할 때는 코를 주로 이용하고 스피치를 할 때는 입으로도 들숨과 날숨을 동시에 하되, 들숨과 날숨의 비율은 7 대 3으로 한다.
- 들이마신 공기를 한꺼번에 다 뱉으면 호흡이 짧아 말끝이 흐리게 되고 스피치를 할 때 말의 전달이 뚝뚝 끊어지게 된다. 약 20퍼센트의 공기는 허파에 남겨 둔다고 생각하고 호흡을 하는 것도 발성의 원칙이다.

ⓒ 발음

- 발음은 호흡을 조절하는 횡격막과 폐, 그리고 목소리를 만들어 내는 데 사용되는 성대와, 목소리를 고르는 데 쓰는 조음(調音) 기관인 입술, 혀, 치아, 인두(咽頭)와 비강(鼻腔) 등을 일정한 규칙에 따라 자극해 음성언어인 낱말, 문장 등을 소리로 표출하는 소릿값이다.
- 명확한 발음은 전문가다운 자신감과 명료성을 느끼게 해야 한다. 발음과 속도는 밀접한 관계, 습관적으로 빠른 발음은 주의한다. 속도가 빠르면 발음도 정확해지기 어렵다. 말끝을 흐리는 습관도 명확한 발음을 위해서는 개선해야 한다. 낱말 하나하나를 분명히 발음하려는 의식적인 노력이 필요하다.

ⓓ 목소리를 조절하는 4P(Power, Pitch, Pace, Pause)

- 파워(Power)는 목소리의 음량(volume)에 변화를 주는 것을 말한다. 파워는 목소리의 크기만을 말하는 것이 아니다. 즉, 감정에 따라 음량을 높이거나 낮춤으로써 목소리에 다양한 변화를 주는 형태를 말

한다.

- 페이스(Pace)는 목소리의 속도를 말한다. 다시 말해 스피치를 할 때 빠르게 혹은 느리게 말하는 정도다. 목소리의 빠르기를 조절하는 것도 다양한 감정을 전달하며 강조하는 수단이 된다.
- 포즈(Pause)는 목소리를 중간에 멈추고 쉬는 것을 말하며, 소리내기를 정지시키는 것이다. 포즈는 낱말, 문장 등에서 말을 멈추거나 단락이 끝날 때 말을 멈춤으로써 스피치 내용에 다양한 의미를 부여한다.
- 피치(Pitch)는 목소리의 높낮이를 정하는 것으로 다양한 감정의 정도와 강도에 대한 변화를 표시할 때 사용한다. 피치와 파워는 스피치를 강조할 대목에서 동시에 사용되는 경우가 많다. 습관적인 억양에 의해 한 가지 톤으로 높고, 낮음이 반복되는 경우에는 상투적이며 의례적인 느낌을 강하게 준다.

목소리를 조절하는 4P를 모두 사용하면 좋겠지만 실제로 4가지 요소를 완벽하게 갖춘 사람은 없다고 볼 수 있다. 따라서 본인의 장점을 잘 알고 효과가 좋은 것을 활용하도록 한다.

학생들은 발표 시 자신감이 부족하면 목소리가 작아져서 내용을 효과적으로 전달하기 어려운 경우가 있다. 반드시 큰 목소리로 프레젠테이션 연습을 해야 실제 발표 시에도 효과를 볼 수 있다. 포즈를 두어 중요한 부분을 강조하는 연습도 필요하고, 가끔 피치를 두어 중요한 부분을 어필한다면 성공적인 결과를 얻을 수 있을 것이다.

3. 전달 스킬

잘 기획한 프레젠테이션이라도 현장에서 표현되지 못한다면 준비과정의 노력이 헛수고가 될 것이다. 준비된 자료를 청중의 마음속으로 날아갈 날개를 달기 위한 스킬을 학습한다.

① 언어적 스킬

오프닝 인사에서 인사말과 목례는 따로 한다. "안녕하십니까? OO에 대해 발표할 경영학과 OOO입니다."라고 인사를 한 후 목례를 하거나 그 순서를 바꾸어 한다. 인사말과 목례를 함께 하면 청중에게 미소를 보여줄 수 없고 눈맞춤 또한 어렵다.

30초가량의 오프닝 멘트는 사전에 반드시 암기하여 프레젠테이션 초반이 매끄럽게 진행되도록 한다. 시작이 중요하다. 프레젠테이션의 전체 내용을 암기할 수는 없으므로 핵심 단어를 체크하여 단어의 흐름만 암기한다.

"그러나", "결과적으로" 등 전환어를 사용하면 청중은 그 뒤에 나올 내용에 귀를 기울이게 된다. 청중들의 관심을 얻으려면 적적한 타이밍에 전환어를 사용하되 지나치게 자주 사용하게 되면 효과는 반감된다.

중요한 이야기를 하기 전 Pause(쉼)의 활용은 눈맞춤을 피하는 청중들을 깨울 수 있고 동시에 긴장감을 유발할 수 있다. 청중의 시선을 사로잡을 수 있는 오프닝 스킬은 [표 5-3]과 같다.

[표 5-3] **시선을 끄는 오프닝 스킬**

인용	"'백문불여일견'이라는 말이 있습니다. 이곳에서 저와 함께 OO에 대해 이야기를 나누어 봅시다."
감사	"이런 영광스러운 자리를 마련해주신 OO에 진심으로 감사드립니다. 귀한 시간을 내어 이 자리를 참석해주신 청중 여러분께도 감사드립니다."
이슈	" 최근 ESG가 기업 경영의 중요한 화두도 떠올랐습니다. 우리도 이제 방향의 전환이 필요한 시점입니다."
예측	"여러분이 이곳을 떠날 때 OO에 대한 해결방안의 실마리 한 가지씩 갖게 될 것입니다."
과정어필	"저희 팀은 본 프로젝트 준비를 위해 전국 OO 매장의 현장에 직접 방문하고 프로세스를 분석하였습니다."

② 비언어적 스킬

청중이 다수이므로 시선을 고루 분배해야 한다. 발표가 진행되는 무대에서 청중을 바라본 상태로 중앙이 핫스팟(Hot Spot)이고, 사이드가 부수적인 지점이다. 핫스팟에 50% 이상 시선을 두고 사이드 지점으로 자연스럽게 이동하여야 한다.

시선을 중앙 → 오른쪽 → 중앙 → 왼쪽 순서대로 천천히 이동하여 사이드에 앉아 있는 청중들의 집중도를 향상시켜야 한다. 이때 눈만 돌리는 것이 아니라 고개나 몸통 부분까지 함께 움직이면 안정감을 준다.

긴장한 듯 보이는 자세는 청중을 불편하게 만든다. 어깨를 펴고 자연스럽게 서지만 약간의 긴장한 자세를 취한다. 상황에 적합한 비주얼 핸즈(Visual Hands)를 활용하여 강조하고자 하는 부분을 표현한다. 숫자나 타임라인, 비교를 표현할 때 말과 동시에 표현하면 효과가 증대된다.

말과 함께 손을 사용하면 청중에게 더 임팩트를 줄 수 있고, 설득력이 증대된다.

㉠ "여러분에게 설명드릴 세 가지 핵심이 있습니다.",
"1월 6일, 오늘부터 그 효과가 나타날 것입니다.",
"효율과 효과는 엄연히 다른 용어입니다."

마이크로 진행한다면 팔꿈치는 옆구리에 붙인 상태로 가볍게 마이크를 든다. 마이크를 쥐는 손은 손등이 앞에 보이도록 한 후 손가락으로 마이크를 움켜쥐거나 편 상태로 가볍게 든다.

피해야 할 언어적·비언어 태도 10가지

1. "어~", "음~" 등의 음성어는 피한다.
2. 지나친 전문용어 사용을 자제하고 쉬운 표현과 경어를 사용한다.
3. 말끝을 흐리지 않는다.
4. 짝다리를 하거나 뒷짐을 지고 서지 않는다.
5. 청중의 시선을 피하거나 지나치게 한 사람만 집중적으로 시선을 두지 않는다.
6. 동작이 큰 제스처는 3가지 이상 하지 않는다.
7. "준비한 것이 많지 않아~"와 비슷한 말은 자신감이 부족해 보이므로 하지 않는다.
8. 발표자의 눈동자가 위를 향해 있으면 무언가가 잘 기억나지 않아 생각하는 것처럼 보여 신뢰성이 떨어지므로 주의한다. 반대로 눈이 아래로 향해 있으면 자신감이 없어 보이므로 청중의 집중도를 저하시킬 수 있으므로 또한 주의한다.
9. 시나리오를 준비했을 경우 그것을 이용한 제스처를 하지 않는다.
   ㉠ 페이퍼를 말아 프레젠테이션을 가리키는 행동
10. 청중을 향해 가리킬 때는 손바닥 전체가 위를 향하게 하는 모양을 취하고, 한 손가락으로 가리키지 않는다.

③ 질의응답(Question&Answer) 스킬

먼저 올바른 질문 답변 방법을 살펴보자. 청중이 질문을 할 때 눈을 맞추며 질문에 집중하고 질문이 끝나면 미소를 띠면서 간단한 감사의 인사를 전한다.

예 "좋은 질문에 감사드립니다.", "중요한 질문을 해주셔서 감사합니다."

질문 받은 내용을 확인하고 요약하는 과정을 통해 모든 청중이 질문에 대해 이해할 수 있도록 공유한다. 청중이 기대하는 답변의 핵심을 먼저 말한 후 부가적인 설명을 덧붙인다. 부가 설명은 프레젠테이션 준비 과정에서 120% 준비한 상태라면 문제없이 답변할 수 있다.

질문에 대한 답은 모든 청중을 향해 답변하고 마지막에 최초 질문자에게 답변이 되었는지 확인한다. 이때 마지막 감사 인사를 다시 한 번 전달한다.

학생들이 프레젠테이션 시 평가자인 담당 교수만 보고 발표하거나 질문에 대한 답변을 하는 경우가 있는데 청중들에게 효과적으로 메시지를 전달하지 못할 뿐 아니라 전체 발표가 위축되어 자신감이 떨어지게 된다.

간혹 답변이 어려운 곤란한 상화에 직면하게 된다. 이럴 때 어떻게 현명하게 답변하여 위기상황을 모면할지 정말 고민될 것이다. 우선은 질문자의 질문을 다시 한 번 말하면서 생각할 시간을 갖는다.

예 "네~OO부분에 대한 해결방안에 대한 저희 팀 의견을 알려달라는 말씀이지요?"

정확히 질문의 내용이 파악이 안될 경우는 오히려 질문에 대해 자세하게 물어봄으로서 답변할 수 있는 부분을 찾는다.

예 "제가 질문이 잘 이해가 안 되서는 그러는데요. 혹시 구체적인 상황을 설명해 줄 수 있으실까요?"

프레젠테이션의 핵심메시지를 다시 한 번 언급하며 질문에 관련한 내용을 발견한다.

예 "저희 팀이 분석한 결과를 말씀드렸듯이 … "

질문의 내용에 대해 알지 못한 부분이라면 좀 더 자세하게 알아본 후에 답변을 드리겠다고 전달한 후 차분하게 다음 질문을 받는다.

예 "저희 팀이 미처 준비하지 못한 부분이라 발표 후 재조사 후 메일이나 유선으로 답변 드리도록 하겠습니다."

모든 질문을 다 해결하겠다는 생각을 접어두는 것이 좋다. 필요할 경우 청중으로부터 질문의 답변을 찾는 것도 효과적이다. 청중들 중 유심히 듣고 경청하는 학생이 있다면 개별적인 질문으로 해도 좋고, 전체 청중에게 의견을 물어봐도 좋을 것이다.

청중의 질문도 작은 프레젠테이션이라고 여기고 청중의 말 속에서 되물어볼 수 있는 포인트를 발견한다.

예 "여러분은 OO 문제에 대해 어떻게 생각하십니까?"

청중이 질문을 한 의도에 대해 되묻는 과정에서 청중이 기대하는 답변에 힌트를 줄 수 있게 되고 자연스럽게 청중에게서 답을 찾을 수 있다. 한 사람의 청중으로부터 받은 질문을 모든 청중에게 되묻고 청중에게 생각할 시간을 갖게 한다. 시간적 여유를 두면 청중들 사이에서 답변이 오고 갈 수 있고 청중들이 직접 참여하면 훌륭한 답변이 되었다고 기억하게 된다.

물론 청중들을 활용한 질문 답변은 많은 연습과 훈련이 있어야 자연스럽게 진행될 수 있음을 명심해야 할 것이다. 프레젠테이션은 쌍방향 소통이다. 혼자서 일방적으로 전달하는 발표는 이제 아무도 듣지 않을 것이다. 청중들과 즐겁게 소통하고 질문을 주고받음으로써 프레젠테이션의 완성도를 높일 수 있을 것이다.

‘꼭 내 초년생 시절을 보는 것 같아 마냥 웃을 수가 없다’ ‘아직도 프레젠테이션 하면서 덜덜 떤다’

최근 한 코미디 프로그램에서 취재 현장의 인턴기자의 떨리는 목소리로 안절부절 못하는 연기가 많은 화제를 낳았다. 사회 초년생이라면 누구라도 겪는 ‘발표 공포증’이 공감을 얻은 것이다. 한 취업 포털 사이트가 직장인 384명을 대상으로 조사를 한 결과 97.9%가 많은 사람들 앞에서 발표하기 전 극심한 불안을 겪었다고 답했다.

전문가들은 상황에 따라 대비하면 내 말을 잘 전달할 수 있다고 조언한다. 우선 격식이 필요한 자리에서는 대본을 상세히 써서 믿을 구석을 만들어야 한다. 반면, 편안하게 발표해도 되는 자리에서는 대본을 통째로 외우기보다는 키워드로 요약해서 기억을 되살리는 것이 좋다.

발표 연습을 할 때에는 가족-친구-동료 순으로 대상을 넓혀가며 단계적으로 훈련하면 서서히 두려움을 없앨 수 있다. 몸이 떨릴 때에는 다리를 살짝 앞뒤로 벌리고 서서 한쪽 다리에 힘을 실으면 떨리는 목소리를 줄일 수 있다. 손은 배꼽 주변에 모으거나 오히려 적극적인 제스처를 하는 것도 방법이 될 수 있다.

출처: 이태동(2021).

참고문헌

김은경, 송기인(2014), 감성과 신뢰의 스피치 기법, 커뮤니케이션북스.

김지연(2011), 포토샵 CS 5, 영진닷컴.

이태동(2021). 목소리 떠는 '인턴기자'…마냥 웃을 수 없는 당신을 위하여. 조선일보(2021.10.8.).

차현수, 황혜미(2015), 서비스 경영자격 SMAT A모듈, 영진닷컴.

카마인 갈로, 김태훈 번역(2013), 스티브잡스 프레젠테이션의 비밀, 랜덤하우스.

탈리정, 파워포인트의 기본용어.

티모시 J 케이글(김경태 편역)(2009), 엑설런트 프리젠터, 멘토르.

하버드 경영대학원(현대경제연구원 옮김)(2004), 커뮤니케이션의 핵심 전략, 청림출판.

함주한(2009), 프레젠테이션 상식 사전, 길벗.

황혜미, 박종익(2019), CS리더스 관리사 자격시험기본서, 영진닷컴.

수업 사진

[수업 진행 및 실습]

[팀 실습 및 토의]

[발표 및 피드백]

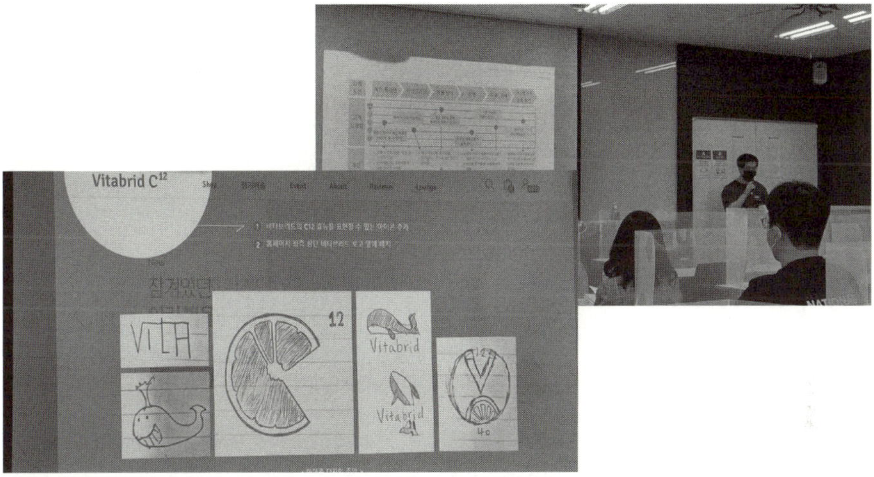

[기업 멘토 특강 및 피드백]

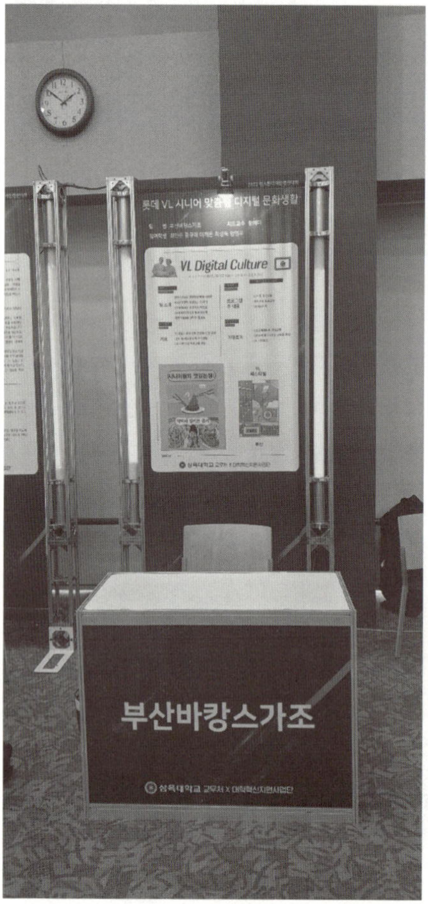
VL Digital Culture
부산바캉스가조

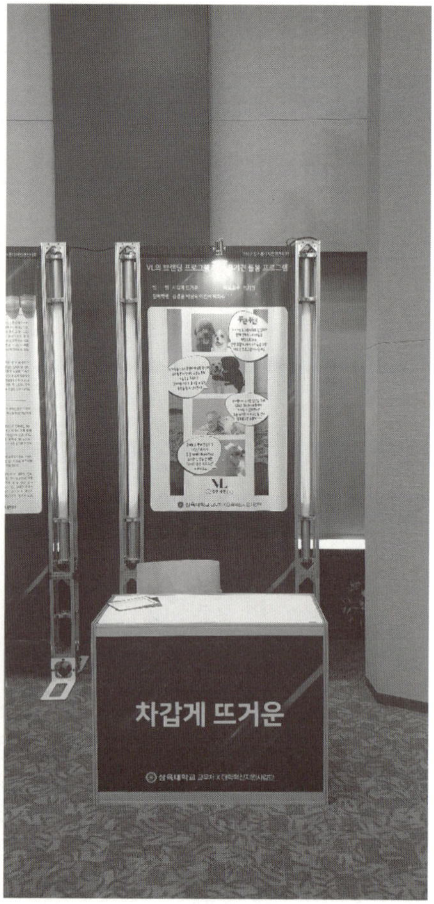
차갑게 뜨거운

2022년 제4회 캡스톤 디자인 경진대회
행사장배치도
인기투표
육대학교 교무처 X 대학혁신지원사업단

2022년 제4회 캡스톤 디자인 경진대회

FAQ

1. 2학년은 캡스톤 디자인 수업 참여가 어려울까요?

캡스톤 디자인 수업의 특성상 1~3학년 동안 배운 이론을 바탕으로 실무적인 적용도를 높이는 것이라 4학년 학생들이 참여하는 것이 좋지만, 2학년 학생 중에서 실무적 활용에 관심이 있고 배움에 대한 열정이 있다면 충분히 수업에 참여하여 성과를 낼 수 있습니다.

2. 캡스톤 디자인 수업 전에 선수 과목이 있을까요?

학교에서 정해둔 선수 과목은 없습니다. 하지만 인문사회계열 캡스톤 디자인 수업은 아이디어 연계형이 가장 접근 용이하기 때문에 창의력 향상, 발상의 전환, 다학제적인 사고력을 갖추면 수업에 즐겁게 참여할 수 있습니다.

3. 캡스톤 디자인과 융합 캡스톤 디자인의 차이점은 무엇일까요?

캡스톤 디자인은 기계, 화학, 건축, 컴퓨터, 바이오 등 특정 공학계열 학과에서 특정 수요에 대응하고 기술 적용 및 활용을 확산하기 위한 과정이라면, 융합 캡스톤 디자인은 인문, IT, 디자인 등 계열 구분 없는 다학제로 구성되고 기업뿐 아니라 지역사회, 창업 등 범용적인 수요(다양성)를 창출하는 과정이라 할 수 있습니다.

4. 과제 수행 중 팀원들과 의견이 다를 때 어떻게 하지요?

캡스톤 디자인 수업을 하면 종종 팀원들이 합의를 이루지 못해서 과제 수행 진도를 따라오지 못하기도 합니다. 어느 한 사람의 이해와 양보가 필요한 것이 아니라 과제 수행 범위가 지나치게 넓다거나 한꺼번에 많은 성과를 달성하려는 경우가 있습니다. 이럴 때는 진도를 나가기보다는 처음부터 다시 우리 팀원들이 하고 싶은 부분이 무엇인지를 천천히 이야기 나누는 것이 오히려 합의를 이루는데 도움이 될 것입니다.

5. 기업 실무진 피드백을 받기 위해 무엇을 준비해야 할까요?

기업 실무진의 피드백은 캡스톤 디자인 수업 중 최소 1회에서 3회 정도 진행합니다. 실무진 피드백을 받기 위해 과제 수행 내용에 대한 프레젠테이션을 준비하고 예상 질문을 작성합니다. 또한 멘토에게 피드백 받고 싶은 부분도 LIST UP 해서 궁금한 부분을 해결한다면 실무적으로 유용한 결과물을 도출할 수 있습니다.

6. 지도 교수와 멘토의 피드백이 팀원들이 지향하는 방향과 다르다면 어떻게 해야 할까요?

학생들은 지도 교수와 멘토의 피드백을 받으면 모든 지적 사항을 반영해야 한다는 스트레스를 받는 경우가 있습니다. 팀원들이 가장 정확히 하고 싶은 과제 수행 방법을 알고 있기 때문에 지도교수와 멘토의 피드백은 선별적으로 수용하고, 해당 팀이 추진하는 일이 피드백 내용과 반대되는 사항이라면 적극적으로 질문하여 문제가 되는 부분을 해소하고 진행하기를 추천합니다.

찾아보기

저자 약력

황혜미

삼육대학교 경영학과 조교수 (산학협력)

- 서강대학교 생산서비스경영 석 · 박사
- 한국표준협회 한국서비스대상, KS-CQI 자문위원
- 한국생산성본부 SMAT(서비스경영자격) 자문위원
- 한국서비스경영학회 이사
- SPC그룹 식품과학대학 생산서비스관리 자문교수
- 삼성전자, 삼성화재, LG전자, LG인화원, 신세계백화점, 롯데백화점, 롯데호텔, 롯데월드, 아모레퍼시픽, 현대자동차, CJ푸드빌, SK텔레콤, 두산그룹, 신한은행 삼성증권, 미래에셋증권, 광주은행, 금호그룹, 서울대병원, 일산병원, 전남대병원, 미르치과네트워크, 페덱스코리아, JDC면세점, 파리바게뜨, 삼성전자로지텍 LG헬로비전, 한국잡월드, CJ인재원, 동원그룹 외 다수의 서비스컨설팅 수행

엄지영

삼육대학교 경영학과 조교수

- 경기대학교 관광학 석 · 박사
- 부천시 의료관광 정책 수립 자문위원

인문사회계열을 위한 캡스톤 디자인 수업
융합형 캡스톤 디자인

초판 발행 2022년 12월 10일

지은이 황혜미 · 엄지영
펴낸이 김중용
편 집 심성보
펴낸곳 도서출판 정독
경기도 고양시 일산서구 하이파크로 113, 102-204
등록 제406-2014-000093호

전 화 031)924-7203 팩 스 02)718-8554
홈페이지 www.jeongdok.co.kr 이메일 admin@jeongdok.co.kr
ISBN 979-11-6858-106-7 93320

정 가 22,000원